SÉRIE SUCESSO PROFISSIONAL

COMO GERENCIAR PROJETOS

ANDY BRUCE
E KEN LANGDON

PUBLIFOLHA

UM LIVRO DORLING KINDERSLEY
www.dk.com

ISBN 85-7402-233-0

PUBLIFOLHA
Divisão de Publicações do Grupo Folha

Av. Dr. Vieira de Carvalho, 40, 11° andar
CEP 01210-010, São Paulo, SP
Tel.: (11) 3351-6341/6342/6343/6344
Site: www.publifolha.com.br

Os leitores interessados em fazer sugestões podem escrever para a Publifolha no endereço acima, enviar um fax para (11) 3351-6330 ou um e-mail para publifolha@uol.com.br

COORDENAÇÃO DE PROJETO
PUBLIFOLHA
GERÊNCIA EDITORIAL: Luciana Maia
ASSISTÊNCIA EDITORIAL: Cláudia Ribeiro Mesquita
COORDENAÇÃO DE PRODUÇÃO GRÁFICA: Marcio Soares

PRODUÇÃO EDITORIAL
EDITORA PÁGINA VIVA
TRADUÇÃO E EDIÇÃO: Gabriel Tranjan Neto
ARTE: Sandra Tranjan
REVISÃO: Márcio Guimarães de Araújo

DORLING KINDERSLEY
EDITORA DO PROJETO: Adèle Hayward
EDITORA DE ARTE: Caroline Marklew
DESIGNER DE DTP: Jason Little
PRODUÇÃO: Heather Hughes
GERENTE EDITORIAL: Stephanie Jackson
GERENTE DE EDIÇÃO DE ARTE: Nigel Duffield

Fotolitos fornecidos pela Publifolha
Impresso na Gráfica Círculo

SUMÁRIO

4 INTRODUÇÃO

FUNDAMENTOS DOS PROJETOS

6 COMO DEFINIR PROJETOS

8 PAPÉIS PRINCIPAIS

10 ELEMENTOS ESSENCIAIS PARA O SUCESSO

12 DEFINIÇÃO DOS ESTÁGIOS

14 VIABILIDADE DO PROJETO

16 PRIORIZAÇÃO DE PROJETOS

PLANEJAMENTO DE PROJETOS

18 DESCRIÇÃO DO CONCEITO

20 DEFINIÇÃO DOS OBJETIVOS

22 AVALIAÇÃO DAS LIMITAÇÕES

24 Lista das Atividades

28 Alocação de Recursos

32 Ordem das Atividades

34 Definição de Prazos

36 Validação do Plano

Implementação de Planos

38 O Papel do Gerente

40 Como Montar a Equipe

42 Como Iniciar Positivamente

44 A Liderança Eficaz

48 Trabalho em Equipe

50 Decisões de Equipe

52 Gestão da Informação

54 Como Comunicar-se Bem

Monitoração do Desempenho

56 Bases da Monitoração

58 Como Organizar Reuniões de Avaliação

60 Como Superar Problemas

62 Como Lidar com Mudanças

64 Maximização do Impacto

66 Teste Suas Habilidades

70 Índice

72 Agradecimentos

Introdução

Para ter sucesso no competitivo mundo empresarial de hoje, os gerentes precisam produzir resultados dentro dos prazos e do orçamento. Com a aplicação das técnicas e processos descritos em Como Gerenciar Projetos *você maximizará desempenhos e garantirá sempre excelentes resultados. Adequado a gerentes de todos os níveis, este livro apresenta todo o know-how de que você precisa para conduzir qualquer projeto, simples ou complexo, a uma conclusão feliz. Do lançamento à implementação, da motivação da equipe à monitoração dos resultados, cada aspecto do gerenciamento profissional de projetos é explicado com clareza. Além disso, 101 lembretes ao longo do livro destacam pequenos segredos do sucesso nessa área. No final, um teste exclusivo vai ajudá-lo a avaliar e melhorar suas habilidades.*

FUNDAMENTOS DOS PROJETOS

O gerenciamento de projeto garante estrutura, foco, flexibilidade e controle na busca de resultados. Veja o que ele engloba e como aumentar a probabilidade de sucesso.

COMO DEFINIR PROJETOS

Projeto é uma série de atividades objetivando certos resultados, dentro de um orçamento e de um cronograma. Aprenda a distinguir projetos ligados ao cotidiano e adote a disciplina do gerenciamento para melhorar o desempenho.

1 Veja um novo projeto como um meio de melhorar suas habilidades.

2 Analise seu trabalho para definir tarefas que poderiam ser projetos.

O QUE É PROJETO?

Um projeto tem pontos claros de início e fim, uma série de atividades entre eles e um conjunto definido de objetivos. As atividades não são necessariamente complexas: pintar o refeitório da empresa é um projeto tão válido quanto construir uma ponte. Você pode envolver-se em um projeto sem se dar conta disso; por exemplo, se trabalha numa equipe especial, para algo fora da programação normal da empresa. Trabalhos de rotina, por seu lado, algumas vezes podem ser gerenciados como projetos –fazê-lo pode aumentar muito sua eficiência.

PERGUNTE-SE

P Em que projetos estou envolvido no momento?

P A empresa tem tentado fazer mudanças que teriam mais chance de dar certo se tratadas como projetos?

P Eu trabalharia melhor se olhasse certas tarefas como partes de um projeto?

P Técnicas de gerenciamento de projeto ajudariam a tornar-me mais eficiente?

POR QUE GERENCIAR PROJETOS?

No competitivo ambiente empresarial de hoje, é essencial reagir com rapidez e flexibilidade às demandas dos clientes. O gerenciamento de projeto permite focar prioridades, monitorar desempenhos, superar dificuldades e adaptar-se a mudanças. Ele lhe dá mais controle e fornece técnicas que o ajudam a liderar equipes para atingir metas no prazo e dentro do orçamento. Organizar as tarefas de um projeto pode demandar tempo no início, mas a longo prazo economiza tempo e esforço, e reduz o risco de erros.

CARACTERÍSTICAS BÁSICAS DE UM PROJETO

CARACTERÍSTICAS	PONTOS A DESTACAR
INÍCIO E FIM DEFINIDOS Qualquer projeto tem fases claras de começo e de encerramento.	● Alguns projetos são repetidos várias vezes mas não são processos, pois têm pontos claros de início e fim. ● O trabalho de rotina distingue-se dos projetos por ser recorrente e não ter um fim claro de processo.
PLANO ORGANIZADO Uma abordagem planejada, metódica, é usada para que se atinjam os objetivos do projeto.	● O bom planejamento assegura que o projeto fique pronto no prazo e dentro do orçamento, com os resultados esperados. ● Um plano eficiente oferece um modelo que guia o projeto e detalha o trabalho que precisa ser feito.
RECURSOS PRÓPRIOS O projeto conta com recursos especialmente alocados a ele, como tempo, pessoal e verba.	● Alguns projetos são feitos fora da rotina normal e outros dentro dela, mas todos exigem recursos próprios. ● Trabalhar com recursos com os quais se concorda é vital para o sucesso.
EQUIPE Usualmente o projeto exige uma equipe capaz de levar a termo o trabalho proposto.	● A equipe de projeto assume a responsabilidade e gosta de seu trabalho; ao mesmo tempo, contribui para o sucesso da empresa como um todo. ● Projetos oferecem novos desafios e experiências para a equipe.
METAS ESTABELECIDAS Os projetos trazem resultados em termos de qualidade e/ou de desempenho.	● Muitas vezes um projeto resulta em novo modo de trabalhar ou gera algo que anteriormente não existia. ● Os objetivos devem ser identificados para todas as pessoas envolvidas no projeto.

PAPÉIS PRINCIPAIS

Projetos podem envolver ampla gama de pessoas com diferentes habilidades e experiências. Mas existem muitos papéis básicos comuns a todos os projetos. É importante conhecer as funções que esses profissionais devem desempenhar.

3 Relacione todas as pessoas que seriam capazes de ajudá-lo.

ENTENDA OS PAPÉIS

Como gerente de um projeto, você está incumbido de desenvolvê-lo integralmente. Mas não terá êxito sem ajuda; assim, é vital criar boas relações com outros agentes principais. Entre eles estão o patrocinador, que pode também ser seu superior, e que dá apoio (financeiro ou moral); membros-chave da equipe, responsáveis pelo sucesso global do projeto; membros de tempo parcial, que apesar disso contribuem para o plano; e especialistas ou consultores. Há ainda os interessados, ou seja, pessoas afetadas pelo resultado do projeto, como clientes, fornecedores ou executivos de outras áreas da empresa.

DIFERENÇAS CULTURAIS

Nos EUA os projetos precisam de um patrocinador na diretoria para serem aceitos pelos interessados. Na Austrália eles também dependem de apoio da cúpula. No Reino Unido o patrocinador pode ser de um escalão mais baixo, desde que haja um forte motivo empresarial para o projeto.

ENVOLVA OS INTERESSADOS

Procure envolver os interessados logo no início dos trabalhos. Nem todos serão igualmente importantes; por isso, identifique aqueles que podem ter efeito significativo no projeto e, ao desenvolver o plano, pense na regularidade com que deve consultá-los. Solicite aos mais entusiasmados com a idéia que ajudem a motivar outros. Procure estabelecer fortes alianças com os que controlam os recursos. Finalmente, verifique se cada um dos interessados entende a razão de seu envolvimento no projeto e o impacto que este exercerá sobre eles.

4 Relacione-se bem com os interessados no projeto.

5 Assegure-se de basear a equipe em pessoas nas quais você confia.

Agentes Principais e Seus Papéis

Agente		Papéis
	**Patrocinador** Inicia um projeto, reforça a autoridade na equipe e, nela, é o membro mais graduado.	• Garante que o projeto é realmente relevante para a empresa. • Ajuda a estabelecer objetivos e limites. • Age como figura de destaque, referencial. • Pode fornecer recursos.
	**Gerente de Projeto** Responsável pela obtenção dos objetivos do projeto e pela liderança da equipe.	• Produz um plano de ação detalhado. • Motiva e organiza a equipe de projeto. • Comunica informações do projeto a apoiadores e a outros interessados. • Monitora a evolução do trabalho.
	**Interessado** Qualquer outra pessoa beneficiária do resultado do projeto ou que possa ser afetada por ele.	• Contribui para várias etapas do planejamento, fornecendo feedback. • Pode ser envolvido apenas eventualmente. • Pode não ser interessado em todo o projeto, mas apenas em partes específicas dele.
	**Membro-Chave** Dá assistência ao gerente e fornece a quantidade de conhecimento necessária.	• Dá valiosa contribuição: estuda a viabilidade do projeto e ajuda em seu planejamento. • Oferece expertise técnica quando preciso. • É responsável pelo encerramento do projeto no prazo e dentro do orçamento.
	**Membro** Pessoa que, em tempo integral ou não, executa tarefas para o andamento do projeto.	• Executa atividades segundo foram descritas no plano do projeto. • Desempenha papel especializado se envolvido como consultor ou como alguém só necessário em parte do projeto.
	**Cliente** Interno ou externo à empresa, beneficia-se das mudanças que serão trazidas pelo projeto.	• Influencia fortemente os objetivos do projeto e o modo de medir seu sucesso. • Impõe como e quando algumas atividades devem ser conduzidas. • Serve como guia ao gerente de projeto.
	**Fornecedor** Fornece materiais, produtos ou serviços necessários para o andamento do projeto.	• Pode envolver-se bastante no projeto e dar-lhe forte apoio. • Entrega os suprimentos no prazo e fornece serviços ou bens a preço fixo, combinado no início com o gerente de projeto.

ELEMENTOS ESSENCIAIS PARA O SUCESSO

Para obter os resultados desejados, um projeto deve ter metas definidas e aceitas por todos, uma equipe empenhada e um plano de ação viável, adaptável a mudanças. Siga essas linhas básicas para se manter na rota do sucesso.

6 Faça com que as pessoas entendam o que você quer obter.

7 Peça a colegas que leiam suas metas. Ante opiniões negativas, procure rever as metas.

TENHA METAS CLARAS

Para conseguir êxito, um projeto deve possuir metas claramente definidas. Elas devem ser aceitas por cada um dos envolvidos, para que todos ajam com as mesmas expectativas. A finalidade do projeto deve manter-se todo o tempo coerente. Quem aprovou sua realização, geralmente o patrocinador, não deve fazer mudanças significativas no propósito básico. As pessoas consideradas essenciais para o sucesso do projeto devem dedicar-se com todo o empenho, ainda que não envolvidas em tempo integral.

CONSIGA DEDICAÇÃO

Sem uma equipe capacitada e empenhada, um projeto tende ao fracasso. Por isso, a aptidão do gerente para motivar e gerir pessoas é crucial. Como gerente, você tem a responsabilidade de criar a melhor equipe possível, guiá-la no rumo certo e garantir que os membros se beneficiem da experiência. Escolha cuidadosamente as pessoas e dê-lhes treinamento, se preciso. O apoio de seu superior, do patrocinador e de outros interessados também deve ser conquistado desde o início.

PERGUNTE-SE

- **P** Posso reagir a uma demanda de cliente dando início a um projeto?
- **P** Com quem falar para que o projeto ande?
- **P** Estou certo de que as pessoas-chave darão seu apoio para o êxito do projeto?
- **P** Os objetivos gerais do projeto parecem alcançáveis?

8 Reexamine e melhore o plano do projeto sempre que preciso.

PLANEJAMENTO E COMUNICAÇÃO

Para que um projeto evolua tranqüilamente, os recursos devem estar disponíveis quando necessários. Isso exige um bom planejamento, levando em conta não só pessoas mas também instalações, equipamentos e materiais. Um plano detalhado guia o projeto e é o documento que informa sobre objetivos gerais, atividades, necessidades de recursos e cronogramas. É também vital que você mantenha os membros da equipe bem informados sobre o plano e os atualize sempre que ele se alterar.

◀ **PREVENÇÃO**
Verifique no início, com seu superior, se um orçamento suficiente e um cronograma realista foram aprovados. Isso evita que o sucesso do projeto seja mais tarde ameaçado por falta de dinheiro ou de tempo.

SEJA FLEXÍVEL

Num ambiente empresarial de aceleradas mudanças, a capacidade de pensar à frente pode zer a diferença entre atingir ou não os objetivos e um projeto. Esteja pronto para mudar eus planos de um modo rápido e flexível. improvável que o plano original se mantenha ual todo o tempo, já que circunstâncias demandas costumam mudar à medida que trabalho evolui. Isso significa que você deverá avaliar e adaptar regularmente o plano. Se quer ue o projeto tenha êxito, você deve ser capaz de antecipar e perceber a necessidade de mudanças, nplementá-las e medir bem seus impactos.

9 Aprenda a aceitar a inevitabilidade das mudanças.

10 Espere o melhor, mas sempre planeje supondo o pior.

DEFINIÇÃO DOS ESTÁGIOS

Há cinco estágios básicos na vida de um projeto: início, planejamento, implementação, monitoração e conclusão. Conheça as diferentes técnicas e habilidades exigidas para lidar de modo adequado com os três estágios intermediários.

11 Divulgue o projeto, para que as pessoas fiquem informadas sobre ele.

LEMBRE-SE

- Um novo projeto deve ser visto como uma ótima oportunidade de aportar novas técnicas e conhecimento a sua empresa.
- Os membros da equipe devem ser incentivados a ajudar-se mutuamente.
- Logo no início deve-se criar um registro de tudo o que a equipe vai aprendendo.

COMO PLANEJAR

O primeiro passo do processo de planejamento é aprovar um conceito do projeto, estabelecendo exatamente aquilo que ele pretende alcançar. Para isso, reúna o núcleo da equipe e as pessoas que têm grande interesse nos resultados. Tendo estabelecido esse conceito, você pode identificar objetivos, conseguir concordância quanto a ações e recursos, organizar e programar tarefas e, finalmente, validar o plano com todos os envolvidos e ganhá-los para o projeto.

COMO IMPLEMENTAR

O sucesso da implementação depende da equipe e, essencialmente, de sua capacidade de liderá-la. Você terá de selecionar bem as pessoas, pensar na articulação da equipe ao longo do processo, estimular o trabalho conjunto, tomar decisões críticas e adotar diferentes estilos de liderança para motivar diferentes personalidades. Para conquistar a dedicação dos envolvidos, comece com uma boa apresentação, usando a autoridade de seu patrocinador, superior ou cliente para levar todos a se empenharem no plano. Assegure-se de que eles terão acesso às informações básicas do projeto e mantenha sempre um bom fluxo de comunicação.

12 Monitore o projeto do início ao fim. Podem ocorrer problemas a qualquer ponto do trabalho.

Monitore o Desempenho

Assim que o projeto estiver em andamento, você recisa avaliar se as coisas estão indo bem quanto prazos e metas. Uma monitoração eficiente essencial, para permitir a correção de rumos uando ocorrem problemas e mudanças. Peça elatórios regulares sobre a evolução do trabalho, rganize reuniões da equipe e defina marcos para nedir o progresso. Quando identificar problemas ameaças potenciais, use processos lógicos ara superá-los e incorporar alterações no plano, e necessárias. Finalmente, você obterá o máximo e benefícios para a empresa se registrar suas xperiências para referência futura.

A gerente de projeto saúda com entusiasmo um novo colega

Desenvolvimento do Projeto

- **Os iniciadores concordam com o conceito do projeto**
- **As pessoas-chave estabelecem os objetivos do projeto**
- **Atividades e recursos são aprovados e priorizados**
- **O plano do projeto é aprovado por todos os envolvidos**
- **O gerente executa o plano, liderando a equipe em busca das metas**
- **O progresso é monitorado e o plano revisto quando preciso**
- **O projeto se encerra com êxito, no prazo e dentro do orçamento**

◀ **IMPORTÂNCIA DAS RELAÇÕES PESSOAIS**

Estimule a união entre os membros da equipe o mais cedo possível; apresente-os informalmente. É importante começar bem. Seja positivo e enfatize sua expectativa de trabalhar lado a lado com eles em busca do sucesso do projeto.

VIABILIDADE DO PROJETO

Antes de iniciar um projeto assegure-se de que ele tem boas possibilidades de sucesso. Certifique-se de que ele estará sendo feito no momento apropriado, que é viável e que vale a pena, e só então desencadeie o processo.

13 Não tente propor-se a uma tarefa que não pode ser concluída.

14 Descubra onde o projeto pode não dar certo.

15 Assegure-se de que o cronograma é realista.

O MOMENTO APROPRIADO

Por mais promissor que possa parecer um projeto, pense sempre se é o momento certo de iniciá-lo. Considere outros que já começaram. Algumas empresas colocam tantos projetos em andamento ao mesmo tempo que é impossível o sucesso de todos. Admita a hipótese de adiar um novo projeto ou de abreviar aqueles que dificilmente produzirão resultados valiosos. Como todos exigem recursos limitados ou mesmo escassos, é vital que cada um tenha uma razão clara para existir e que este seja o momento oportuno para realizá-lo.

IDENTIFIQUE AS FORÇAS IMPULSORAS

Todo projeto resulta de necessidades da empresa. Quanto mais fortes essas forças impulsoras, mais provável o êxito do projeto. Se, por exemplo, ele envolve reconquistar consumidores, a força impulsora é poderosa. Para criar uma relação de forças impulsoras, ou de razões pelas quais seu projeto deve ir em frente, verifique em que questões empresariais ele terá impacto e então compare-o com outros. Por exemplo, se há uma força impulsora por trás de dois projetos para aumentar as vendas, aquele que, digamos, propõe dobrá-las terá maior probabilidade de êxito.

PERGUNTE-SE

P Há projetos em andamento mais prioritários que o meu e que estão usando recursos essenciais?

P As metas de meu projeto são coerentes com os objetivos de longo prazo da empresa?

P De que forma os resultados do projeto afetarão o desempenho da empresa?

P Pode este projeto prejudicar as possibilidades de sucesso de um outro?

IDENTIFIQUE AS FORÇAS RESISTENTES

Sempre existem razões importantes pelas
uais projetos podem não dar certo. Entre essas
orças estão a resistência das pessoas à mudança,
peso da carga de trabalho, a falta de informação
u de recursos e escassez de pessoas com
aptidão necessária. Identifique logo as forças
esistentes e trate de superá-las, ou então mude
época do projeto. Uma poderosa força resistente
merge em empresas que iniciam projetos
ara mudar o modo de trabalho
as pessoas mas não as motivam.
e os funcionários vêem
m projeto como apenas mais
ma iniciativa da administração,
erá difícil envolvê-los para
ue ele dê resultados.

▼ PEÇA AJUDA A QUEM ENTENDE

Peça a alguém que possua expertise técnica na equipe para ajudá-lo a identificar razões pelas quais seu projeto pode fracassar. Ele talvez aponte falhas que você não percebeu.

▼ ANÁLISE DO CAMPO DE FORÇAS

ie um gráfico simples, como o deste emplo, para comparar as forças pulsoras e as resistentes. Relacione impulsoras numa grade vertical e dê cada coluna um número entre 1 e 5. ça o mesmo com as forças resistentes, as lhes atribua valores negativos.

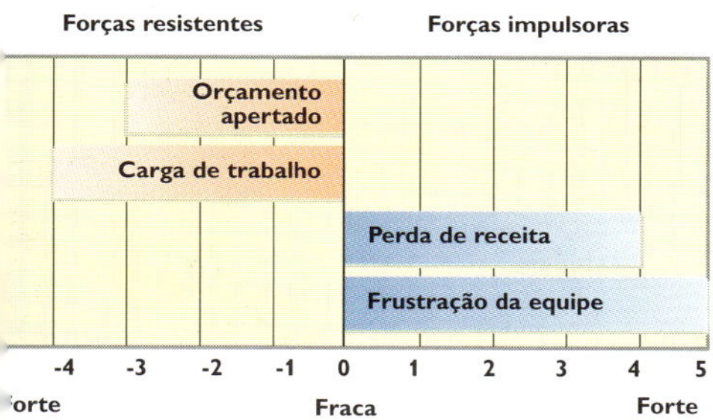

COMO PREVER O SUCESSO

Uma técnica útil, conhecida como análise do campo de forças, pode ajudá-lo a verificar se as forças impulsoras sobrepujam as resistentes e, portanto, se o projeto tem boas chances de êxito. Com essa análise você poderá ver se a balança pende para o sucesso ou para o fracasso. Para avaliar o impacto relativo de cada força, lembre-se de que as impulsoras variam de 1 (força fraca) a 5 (necessidade essencial). O -1 indica uma força resistente que não chega a ameaçar o êxito do projeto, enquanto -5 define uma poderosa, que, salvo se você minimizar seu impacto, pode impedi-lo de alcançar os resultados desejados.

PRIORIZAÇÃO DE PROJETOS

Ao gerenciar vários projetos, avalie qual deles é o mais importante para a empresa, para alocar o tempo e os recursos necessários. Peça conselhos a pessoas-chave e faça um cronograma geral para organizar as prioridades.

16 Concilie agora seus projetos para evitar conflitos mais tarde.

17 Harmonize as prioridades do projeto e da empresa.

OS VALORES RELATIVOS

Antes de iniciar um projeto, defina os recursos humanos e materiais que ele exigirá. Seu objetivo é fornecer os recursos da empresa aos projetos que ofereçam o maior valor em seus resultados. Discuta com seu superior o valor relativo de seu projeto. Talvez você precise manter reuniões com seu cliente ou com outros membros da equipe de projeto. Quanto mais complexo for o projeto, tanto mais importante será procurar a opinião de outros, antes que você estabeleça as prioridades.

DEFINA PRIORIDADES ▼

Neste exemplo, a gerente é incumbida de vários projetos por seu superior. Definindo bem as prioridades, ela pode concluir todos eles com sucesso; definindo-as mal, haverá desorganização e nenhum deles atingirá os resultados pretendidos.

A gerente analisa os projetos mas não consegue decidir qual o mais importante

A gerente assume a responsabilidade por três novos projetos

ROGRAME)S PROJETOS

Crie um cronograma geral para judá-lo a decidir, logo no começo, melhor modo de desenvolver ma série de projetos. Nesse estágio ão é preciso detalhar os recursos, nas faça uma estimativa sobre eles. sso lhe permitirá identificar choques otenciais entre projetos e confirmar u negar a viabilidade de um novo. or exemplo, se dois deles exigem m guindaste ao mesmo tempo a empresa só tem um, reprograme m dos projetos para que o guindaste que disponível para ambos.

Cronograma Geral

	JAN	FEV	MAR	ABR	MAI	JUN	JUL
Projeto 1	━	━	━	━			
Projeto 2		━	━	━	━	━	
Projeto 3				━	━	━	━
RECURSOS							
Gerente	1	2	2	3	2	2	1
Engenheiro	2	4	4	5	4	1	0
Instalador	0	3	3	4	2	2	1
Computador	3	5	5	7	4	3	2
Pá mecânica	0	1	2	2	0	0	0
Guindaste	0	0	1	2	0	0	0

▲ **COMO MONTAR UM CRONOGRAMA GERAL**

Crie colunas para os meses (ou para as semanas, no caso de projetos mais complexos). Liste nas linhas iniciais os projetos aprovados e, mais abaixo, especifique os recursos provavelmente necessários (pessoas, equipamentos, materiais e assim por diante).

A gerente pede a opinião de seu superior sobre quais projetos devem ser priorizados

A gerente conclui com êxito os três projetos

A gerente atrapalha-se com os projetos porque não conseguiu priorizá-los

PASSO A PASSO

1. Defina quais projetos têm maior valor potencial para a empresa.
2. Na dúvida, peça a opinião de um superior ou do iniciador do projeto.
3. Crie um cronograma geral para indicar os recursos que cada projeto exige.
4. Se há conflito por recursos, reveja as prioridades.

PLANEJAMENTO DE PROJETOS

Um plano eficiente mapeia seu projeto do início ao fim, detalhando necessidades, estágios e custos do processo. Faça um bom plano e ele o conduzirá ao sucesso.

DESCRIÇÃO DO CONCEITO

Ter uma idéia clara sobre os objetivos do projeto é essencial para a obtenção de resultados de valor efetivo. Com a ajuda dos membros-chave de sua equipe e também de seu patrocinador, elabore um texto que descreva o conceito do projeto.

18 Seja ambicioso, mas evite comprometer-se com o impossível.

19 Crie um conceito preciso, para evitar resultados ambíguos.

20 Veja se outros concordam com sua visão do futuro.

APONTE A MUDANÇA DESEJÁVEL

Sintetize os objetivos do projeto e procure assegurar-se de que todos sabem exatamente o que se espera dele. Com os membros-chave de sua equipe e seu patrocinador, crie um texto qu descreva o conceito do projeto. Para que a propost seja adequadamente exposta, deve responder à pergunta "o que vamos mudar, e como?" Mostre o texto a seus clientes, que, dizendo o que esperariam do projeto, podem ajudar a melhorá-lo Se o projeto gerar algo de valor para os clientes, essa é uma boa indicação de que é desejável.

)EFINA O IDEAL

'ara ajudá-lo a expor o conceito, tente definir quilo que seria o ideal. Peça à equipe para escrever numa folha em branco tudo o que lealmente o projeto deveria mudar. Evite ser vado pela situação atual. Permaneça realista, 1as também pense criativamente. Não permita ue o modo habitual de fazer as coisas impeça-o e propor alternativas. Se envolver clientes esse processo, dê-lhes a impressão não e que o mundo será de tal modo, mas de como ocê gostaria que ele fosse. Verifique o nível e viabilidade do ideal em relação ao conceito.

CRIAÇÃO DO CONCEITO DO PROJETO

Identifique necessidades de mudança

↓

Reúna-se com membros-chave da equipe e com o patrocinador

↓

Defina o que o projeto deve idealmente mudar

↓

Avalie as chances de obter um conceito ideal

↓

Crie um conceito que tenha viabilidade

CERTO E ERRADO

- ✓ Comprometa-se com o ideal se ele se ajustar a seu conceito.
- ✓ Explique no texto sobre o conceito por que o projeto é necessário.
- ✗ Não ignore obstáculos nesta fase. Eles podem ser grandes pedras em seu caminho.
- ✗ Não envolva muitas pessoas neste início do processo.

ACEITAÇÃO DO CONCEITO ▶

Estimule os membros da equipe a questionar cada aspecto do conceito para ver se ele é de fato operacional e alcançável. Todos devem concordar com os rumos a seguir, para que se omprometam com as metas do conceito.

21 Verifique nesta fase se o conceito é mesmo atingível.

DEFINIÇÃO DOS OBJETIVOS

Aprovado o conceito, fixe claros objetivos para medir o avanço do projeto e, ao final, seu sucesso. Divulgue o conceito para deixar bem nítidos os propósitos do projeto, relacione os objetivos e então defina prioridades e metas intermediárias.

22 Assegure-se de que todos os envolvidos aceitam os objetivos do projeto.

23 Assegure-se de que os objetivos são mensuráveis.

24 Pense em quanto um objetivo será relevante quando alcançado.

MOSTRE OS PROPÓSITOS

Divulgue o conceito para explicar o que será feito em quanto tempo e a que custo. A definição de propósitos deve refletir as importâncias relativas de tempo, custo e desempenho. Por exemplo, se deseja criar um produto capaz de competir com as mais novas soluções disponíveis, o propósito principal será o desempenho. O tempo será o principal se você quiser instalar um novo sistema antes de iniciar operações internacionais. O custo será o principal se você não puder gastar mais do que o orçamento do ano anterior.

DEFINA OBJETIVOS E INDICADORES

Relacione os objetivos a atingir, cobrindo as áreas de mudança que o projeto envolve. Evite incluir uma atividade (como "fazer um cenário") em vez de um objetivo (como "demonstrar que o projeto promoverá o planejado impacto comercial"). Assegure-se de que o progresso quanto a objetivos é mensurável estabelecendo um indicador para cada um deles. Assim, se o objetivo é aumentar as vendas, use o indicador "volume de vendas" para medir o sucesso. Se tem dificuldade em chegar ao indicador, pergunte-se: "Como saberemos se atingimos este objetivo?"

▼**PESQUISE PADRÕES**
Designe um membro da equipe para estudar padrões utilizados em seu setor. Eles serão uma referência para seus próprios indicadores e ajudarão a verificar sua competitividade.

Um membro da equipe estuda material dos concorrentes

ESTABELEÇA PRIORIDADES E METAS

É improvável que todos os objetivos sejam igualmente importantes para sua empresa. Dê a cada um deles uma prioridade de 1 a 10. Os certamente relevantes ficarão óbvios, mas as prioridades de outros serão menos nítidas. Discuta-as e aprove-as com a equipe e, então, defina as metas. Estas podem ser simples, como melhorar as vendas em 50%, ou mais complexas. Por exemplo, se o objetivo é aumentar a satisfação do consumidor, e o indicador baseia-se em queixas, contabilize o número de queixas que recebe hoje e estabeleça uma meta para reduzi-las.

LEMBRE-SE

- Os objetivos devem ser sempre adequados ao conjunto da empresa, e não somente a seu próprio departamento.
- Será mais fácil identificar metas se você ouvir outras pessoas, inclusive consumidores.
- Metas bem definidas e adequadas entusiasmam e motivam os membros da equipe, elevando o moral do grupo.

25 Esteja pronto para descartar objetivos de baixa prioridade.

ÊNFASES DO PROJETO

Anote seus objetivos, indicadores, prioridades, desempenho atual e metas. Isso ajudará a definir quais aspectos do projeto exigirão mais esforço e recursos.

Objetivos principais, que determinam o sucesso do projeto

Prioridade do objetivo

Objetivo	Indicador	P	Atual	Meta
Aumentar as vendas de produtos não-padrão	Aumentar o volume de pedidos	10	5 milhões	7,5 milhões
Aumentar a rapidez de tomada de decisões	Reduzir o tempo gasto para responder a pedidos de orçamento	8	8 semanas	4 semanas
Melhorar a eficiência do preparo de orçamentos	(a) Reduzir o tempo de preparo de orçamentos (b) Eliminar o tempo de cursos de treinamento sobre produtos	6	(a) 4 dias por mês (b) 5 dias por ano	(a) 2 dias por mês (b) 0 dia por ano
Aperfeiçoar a produção de propostas	Tornar um único gerente responsável por cada proposta a clientes	6	Não é feito	Implantar

Medida do sucesso do objetivo

Nível atual de desempenho

Nível desejado de desempenho

AVALIAÇÃO DAS LIMITAÇÕES

Todo projeto enfrenta limitações, como de tempo ou de dinheiro, que eventualmente podem até inviabilizá-lo. Assegure-se de que a equipe conhece as limitações antecipadamente e de que é capaz de trabalhar dentro delas.

26 Planeje como manter-se dentro das limitações ao projeto.

▼ **ACEITE AS LIMITAÇÕES**
Converse com seu superior sobre mudanças que deseja fazer, mas prepare-se para aceitar que algumas não serão aprovadas. Pode haver boas razões para manter intactos certos processos ou práticas.

GARANTA O QUE FUNCIONA

Não faz sentido promover muitas mudanças se você consegue trabalhar dentro das limitações atuais. Mesmo que você identifique uma área para aperfeiçoar, talvez seja melhor incluir a mudança num projeto futuro do que propô-la imediatamente. Um excesso de mudanças pode colocar em risco o projeto, já que as pessoas se vêem obrigadas a operar num ambiente muito fluido. Além disso, empreendendo muitas mudanças você talvez não seja capaz de identificar aquelas que resultaram no sucesso –ou no fracasso– do projeto.

AVALIE AS LIMITAÇÕES DE TEMPO

Num ambiente comercial de rápidas mudanças você precisa ser ágil. Se está enfrentando um concorrente que vai distribuir às lojas um novo produto para o outono, deve trabalhar levando em conta essa limitação de tempo. De nada valerá empenhar-se em fabricar um produto competitivo se você não puder mostrá-lo a tempo suficiente para que seus clientes façam os pedidos. Goste você ou não, a limitação de tempo existe e você tem de trabalhar dentro dessa fronteira.

27 Encare as limitações com uma atitude racional.

28 Procure descobrir atalhos para o sucesso.

\VALIE AS LIMITAÇÕES)E RECURSOS

\ maioria das empresas costuma operar com ecursos e orçamentos limitados, e os projetos stão sujeitos a idênticas barreiras. Um novo rojeto pode supor uma utilização anormal e recursos; por isso, assegure-se de que eles erão realmente necessários para a obtenção os resultados desejados. Mas, se o êxito de seu rojeto depender de um nível de recursos ue provavelmente não será conseguido, pense de ovo e mude os objetivos. Por exemplo, se pode ompletá-lo com menos recursos, faça disso o seu lano. Porém, se estiver em posição de negociar or mais tempo e dinheiro, tente obtê-los.

PASSO A PASSO

1. Avalie se o tempo é um fator essencial.
2. Analise os recursos necessários e se pode ousar consumi-los.
3. Pense em usar processos ou recursos existentes.
4. Identifique limitações externas, como, por exemplo, leis ambientais.
5. Avalie se é o caso de operar com as atuais limitações.

29 Mostre as limitações a todos os envolvidos no projeto.

USE PROCESSOS EXISTENTES

Para reduzir o tempo de um projeto, procure recursos já existentes. Por exemplo, talvez outros departamentos tenham planos de mudança para uma área similar que você possa aproveitar, peças de produtos de design simplificável ou tecnologias capazes de evitar a necessidade de inventar algo novo. Considere esses aspectos e reutilize o mais que puder. Lembre-se de que raramente é uma boa idéia começar do zero, por mais sedutor que isso possa parecer.

ESTUDO DE CASO

eraldo foi solicitado a criar n site na Web para seu epartamento. Como não nha expertise suficiente para so, pediu orçamentos a duas empresas especializadas na criação e manutenção de sites. Seu superior achou caras ambas as propostas e aconselhou-o a procurar na Web sites já criados por outros departamentos da empresa. Geraldo fez isso e gostou muito do site concebido e mantido por Alice. Procurou-a e Alice lhe mostrou como usar o software comprado por ela especialmente para aquele trabalho. Geraldo pôde então criar o site para seu departamento e, com essa solução, não apenas economizou o dinheiro que fora alocado para aquela finalidade, mas também aproveitou o investimento em software originalmente feito pelo departamento de Alice.

◀ APROVEITE INVESTIMENTOS

Estudando sistemas existentes em outros departamentos, você pode aproveitar a expertise e a experiência internas e, ao mesmo tempo, economizar dinheiro da empresa.

Lista das Atividades

Após definir objetivos e limitações, você já pode planejar em detalhe. Relacione as atividades necessárias para atingir os objetivos e divida-as em grupos, para facilitar a avaliação do que precisa ser feito, quando e por quem.

30 Consulte muitas pessoas ao criar sua lista de atividades.

Importância da Lista

Dividir o projeto em unidades menores torna mais fácil ver como ocorrerão superposições e como algumas atividades podem afetar o cronograma ou o resultado de outras. Como a lista pode ser longa, separe-as em grupos, para que cada conjunto de tarefas se torne mais administrável e de mais simples monitoração de desempenho e progresso. Agrupá-las também permite determinar como se encaixam numa seqüência lógica para a execução, o que ajuda a montar cronogramas e lhe permite avaliar o número de pessoas e as habilidades exigidas. Listar desse modo as atividades também reduz o risco de mal-entendidos, porque todos sabem exatamente o que fazer.

Um membro da equipe anota cada atividade num flip chart

Um membro da equipe que trabalhou em projeto similar contribui para o brainstorming *com sua experiência*

31 Tente descrever cada atividade em uma ou duas frases curtas.

COMO PREPARAR A LISTA

Faça um *brainstorming* para preparar a lista. Talvez você precise incluir mais gente nesta fase. Pode ser útil, por exemplo, pedir a opinião de interessados, sobretudo se o projeto for muito complexo; talvez você queira ouvir também outros membros potenciais da equipe. Tais consultas capitalizam a expertise e a experiência de outras pessoas. Se alguém na empresa concluiu anteriormente um projeto similar, consulte o gerente de projeto original e utilize o plano anterior como referência. Neste estágio, não se preocupe com a ordem em que as atividades ocorrerão; isso vem depois.

32 Cheque bem a lista para ver se não falta nada.

PLANEJAMENTO DAS ATIVIDADES

Num *brainstorming*, faça uma ampla lista

↓

Agrupe as atividades em ordem lógica

↓

Verifique se nada foi esquecido

↓

Dê a cada grupo e atividade um número de identificação

↓

Formalize a lista das atividades

◀ ***BRAINSTORMING* PARA CRIAR A LISTA**
Use uma sessão de brainstorming *para despertar idéias sobre todas as atividades necessárias ao projeto. Anote cada atividade sugerida, ainda que lhe pareça inconseqüente. Seu propósito é fazer uma lista o mais abrangente possível, que possa ser depurada mais tarde.*

AGRUPE AS ATIVIDADES

Divida sua lista ampla de atividades em unidades menores, reunindo-as em grupos lógicos; peça à equipe para ajudá-lo ou, como gerente de projeto, faça-o sozinho. Os grupos serão quase todos óbvios. Talvez um deles tenha a ver com eventos futuros do processo; outros podem envolver o mesmo departamento ou pessoas com aptidões similares. Se uma atividade não se ajustar a nenhum grupo, veja se é realmente necessária; se for, deixe-a como uma entidade avulsa.

33 Faça a lista das atividades de modo claro e compreensível.

COMO AGRUPAR ▶

Para agrupar bem as atividades, considere a ordem lógica segundo a qual elas devem ser feitas. Por exemplo, um grupo talvez não possa ser iniciado enquanto outro não estiver completo. O exemplo mostra grupos de atividades necessárias para levar um novo produto à fase de fabricação.

ATIVIDADES E GRUPOS

1	**Conduza a análise**	
	1.1	Entreviste representantes dos clientes
	1.2	Consolide num relatório o que apurou
	1.3	Apresente o relatório à diretoria
2	**Aprove as linhas gerais do produto**	
	2.1	Faça reuniões com os departamentos
	2.2	Consiga a aprovação do orçamento
3	**Complete o design**	
	3.1	Mostre o primeiro esboço aos clientes
	3.2	Revise em função das opiniões dos clientes
	3.3	Consiga a aprovação do design
4	**Organize a logística**	
	4.1	Encomende os materiais
	4.2	Treine o pessoal
	4.3	Envolva subcontratados

34 Ouça especialistas ao agrupar as atividades.

35 Esqueça a lista e reveja-a dias depois, com a cabeça fresca.

IDENTIFIQUE GRUPOS TÍPICOS

Todo projeto possui um grupo de atividades que engloba o lançamento dele, a integração dos membros da equipe e o registro das atribuições conferidas a cada pessoa. Também deve haver um grupo de atividades que marca o encerramento do projeto, envolvendo checagen finais de desempenho e documentação em prol de futuros gerentes de projeto. Finalmente, a maioria deles exige um grupo de atividades de comunicação, para, por exemplo, a produção de relatórios semanais de progresso ou de apresentações sobre testes-piloto programados.

̲OCALIZE OMISSÕES

Reveja sua lista de grupos de atividades para ,arantir que esteja completa. Se você esquecer m passo agora e só descobri-lo mais tarde, sso pode ter sérias implicações no orçamento, o cronograma e em recursos do projeto. 'ocê identificou cada atividade necessária m cada grupo? Examine as atividades item or item: será que não está faltando nada entre ma atividade e a seguinte na ordem lógica? :ertificando-se de que cada grupo está completo, :ribua a cada um deles e a cada atividade m número de identificação.

PERGUNTE-SE

- **P** Se concluirmos as atividades listadas teremos feito tudo o que é preciso para atingir os objetivos do projeto?
- **P** As atividades garantirão que atingiremos as metas?
- **P** Nossa lista de atividades reflete as prioridades?
- **P** Registramos as atividades com suficiente detalhamento?
- **P** Todas as atividades listadas são realmente necessárias?

PLANEJAMENTO DE UM TESTE-PILOTO

Um grupo de atividades muito comum em projetos, sobretudo quando se trata de criar algo inteiramente novo, é a realização de um teste-piloto. As atividades típicas incluem escolher um pequeno número de pessoas para formar a equipe de teste, implantar o projeto em bases limitadas e documentar a experiência. Prevendo uma fase dessas para o plano, você garantirá menos tensão e reduzirá o risco de erros no momento de testar amplamente o projeto. Escolha as pessoas com cuidado e previna-as de que atuarão como cobaias. Não se esqueça de lhes agradecer após a conclusão do projeto, pois seu envolvimento no piloto provavelmente lhes causou alguns problemas.

VANTAGENS DO TESTE-PILOTO ▶
Testar uma nova idéia, mesmo tão complexa como uma linha de produção automatizada, permite resolver problemas por antecipação, garantindo bons resultados quando ela for implementada.

ALOCAÇÃO DE RECURSOS

Antes de iniciar o desenvolvimento do projeto, estude as necessidades de recursos. A viabilidade dele depende de você e a equipe serem capazes de justificar o custo em função dos benefícios esperados.

36 Estime os custos com cuidado. Após aprovados, eles o limitarão.

O PESSOAL NECESSÁRIO

Pense quem deve ser envolvido em cada uma das atividades da lista e então quantifique isso em termos de tempo/homem. Assim, um funcionário pode precisar trabalhar no projeto ao longo de um período de dez dias, mas, se for utilizado apenas meia hora por dia, a alocação total será de cinco horas/homem. Se ele puder trabalhar o resto do tempo em outros projetos, o custo para o seu será uma fração do salário de dez dias do funcionário; do contrário, seu orçamento deverá absorver o custo do tempo ocioso.

37 Forneça o melhor possível em matéria de recursos para a equipe.

AVALIAÇÃO DOS RECURSOS BÁSICOS

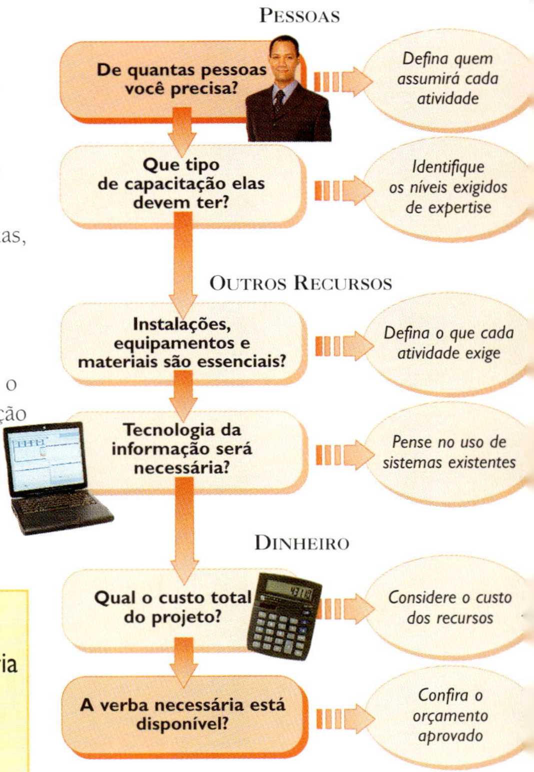

IDENTIFIQUE OUTROS RECURSOS

O custo com pessoal costuma ser o maior de um projeto, mas muitos outros podem ter grande peso no orçamento; por exemplo, talvez você precise fazer uma pesquisa de mercado. Instalações, equipamentos e materiais também podem envolver despesas. Não prever todas as despesas o fará perder credibilidade quando outros examinarem o projeto em termos de custo/benefício. Uma boa estimativa de custos nesta fase também reduz o risco de você precisar pedir verba suplementar com o projeto em andamento.

PERGUNTE-SE

P Posso estimar mais precisamente custos e recursos se ouvir a opinião de pessoas com expertise no assunto?

P Existe alguma outra maneira de atingir as metas que não exija gastos com certos recursos?

P Minha estimativa de custos é realista ou otimista?

EXAMINE OS DETALHES

Não basta saber que a equipe do projeto precisará de uma sala de treinamento durante o período de um mês. Qual o tamanho ideal dessa sala? Que equipamentos essenciais deve ter? Quanto maior o detalhamento nesta fase, tanto menos problemas surgirão na implantação do projeto. Com isso, a equipe se centrará em buscar os resultados, em vez de ficar perdendo tempo com itens malplanejados.

38 Assegure-se de que o orçamento permite executar todas as atividades.

COMO CALCULAR OS CUSTOS

Independentemente dos recursos em questão, você pode calcular o peso financeiro de qualquer um deles no projeto por dois meios: custo absoluto ou custo marginal. O primeiro método significa calcular o custo exato do recurso considerado. Por exemplo, se um novo computador for necessário ao projeto, a quantia paga por ele será um custo de projeto; se usar um já existente, aloque uma proporção de seu valor ao projeto. No cálculo por custo marginal você só aloca custos ao projeto se eles não fossem ocorrer caso o projeto não fosse feito. Por exemplo, se um computador existente e ocioso for solicitado, o custo marginal (ou extra) da máquina será zero; o valor dela não deve estar no orçamento do projeto. É fácil calcular os custos marginais, e trata-se em geral do método mais preciso.

ACOMODAÇÕES

Num mundo ideal, você obteria todos os recursos necessários para o seu projeto; no mundo real, porém, normalmente deve se contentar com menos. A pessoa ou o espaço que você mais quer para certa tarefa podem não estar disponíveis, e você precisará fazer acomodações. Busque aquelas que não ameacem metas e objetivos gerais do projeto. Por exemplo, contrate em regime de tempo parcial um operário especializado e confie o resto do trabalho a um funcionário capaz, ainda que menos experiente.

39 Evite cortar recursos realmente essenciais.

40 Se faltam recursos, considere alternativas.

41 Faça um plano de recursos bem realista.

DOCUMENTE OS RECURSOS

O segredo principal para que os recursos necessários estejam disponíveis quando forem exigidos é fazer um documento com o qual todos os interessados concordem. Ele se chama matriz de compromisso, porque pode ser utilizad[o] para lembrar às pessoas tudo aquilo que assumiram inicialmente. Faça uma matriz de compromisso bem completa, com cada grupo de atividades tão abrangente que permita identificar todos os recursos necessários.

COMO CRIAR UMA MATRIZ DE COMPROMISSO ▼

Após definir todos os recursos e estimar os custos, documente-os na forma de uma matriz de compromisso e então procure conseguir que ela seja aprovada pelos interessados no projeto.

Cada atividade é identificada por um número (Atividade) — *Funcionários incumbidos da atividade* (Pessoas) — *Recursos exigidos para executar a atividade* (Recursos) — *Custo total implicado* (Custo)

Atividade	Pessoas			Recursos			Custo
	Responsável	Envolvido	Treinamento	Instalações	Equipamento	Materiais	
2.1	AJB (2 dias)	RHC (5 dias)	Entrevistas (1 dia)	Sala de reuniões Sala de trabalho (2)	Vídeo (1) Tela (1) Computador (1 dia)	Relatório de pesquisa de mercado	R$ 23.50[0]

UTILIZAÇÃO DE RECURSOS EXTERNOS

Muitos recursos virão de sua própria equipe ou da empresa, mas talvez você precise de outros, de fontes externas. Procure conseguir orçamentos competitivos de fornecedores potenciais e chegue a um acordo, sobre custos e desempenho, que torne fácil para ambos os lados monitorar o processo. Talvez você precise usar toda a sua habilidade de negociador para obter o melhor acordo. Lembre-se: quanto mais preciso for o acordo, tanto mais você conseguirá evitar futuros conflitos.

FAÇA CONTATOS ▶

Reúna-se com vários fornecedores potenciais e anote informações sobre eles. Mesmo que decida não os usar desta vez, uma extensa rede de contatos poderá ser muito útil em futuros projetos.

RELAÇÃO CUSTO/BENEFÍCIO

ntes do sinal verde para colocar um projeto n andamento, você precisará demonstrar que e continua sendo uma prioridade para a empresa que a relação custo/benefício resultante : sua implementação será altamente favorável. onhecido como análise de investimento ou de isto/benefício, esse método é usado em muitas npresas, que freqüentemente possuem sistemas rmais para aplicá-lo. Se os custos forem iguais u maiores que os benefícios, a empresa tem três ernativas: ainda assim, prosseguir com o projeto que raramente é desejável, salvo se ele tiver ande valor estratégico para as metas de longo azo da companhia); mudar os objetivos nodificar as atividades de modo a reduzir custos; cancelar o projeto por considerá-lo inviável.

LEMBRE-SE

- Se sua empresa tem um sistema formal de análise de custo/benefício, adote-o.
- A área financeira pode fornecer um útil feedback, comparando os custos de seu projeto com os de outros.
- Não superestime os benefícios do projeto –haverá cobrança sobre o que foi prometido.

42 Esteja pronto para justificar escolhas, prazos e custos.

ORDEM DAS ATIVIDADES

Nem todas as atividades podem ou devem iniciar ao mesmo tempo. Organize-as numa seqüência lógica, estime a duração de cada uma e então utilize uma documentação clara para ajudá-lo a fazer uma programação para o projeto.

43 Verifique quais atividades podem ser feitas em paralelo.

44 Peça ao incumbido de uma atividade datas estimadas de início e fim da tarefa.

ESTABELEÇA UMA ORDEM

Após ter preparado a lista das atividades necessárias, veja de que modo elas deverão se inter-relacionar. Decida quais devem ser imediatamente iniciadas e quais precisam ser concluídas para que outras lhes sucedam, e programe-as todas para até o fim do projeto. Algumas dependerão de outras. Por exemplo, a equipe talvez precise concluir várias atividades antes de poder fazer uma apresentação para os envolvidos num teste-piloto. Atividades importantes exigirão reuniões de análise.

ESTIME A DURAÇÃO DAS ATIVIDADES

Para montar um cronograma eficiente, você precisa saber qual o tempo provável de duração de cada atividade. Esse cálculo deve ser feito com bastante precisão, porque eventuais erros nesta etapa podem tirar totalmente o projeto de seu curso pretendido. Os membros da equipe devem opinar e então concordar com os tempos previstos, para a garantia de que trabalharão dentro da programação estabelecida. Na dúvida sobre quanto durará determinada atividade, faça um cenário otimista e outro pessimista, e trabalhe num ponto intermediário.

PERGUNTE-SE

- **P** Tenho tempo para testar um atividade e avaliar quanto ela deverá durar?
- **P** Sei estimar a duração de cer atividade ou devo ouvir um especialista?
- **P** Pesquisei projetos anteriores para aprender com eles?
- **P** Devo pedir conselhos a outr gerentes de projeto?
- **P** Tenho certeza de que minha estimativas são realistas?

45 Esboce o diagrama de rede com a ajuda de um especialista.

ódigo

Caminho crítico (duração mínima: 19 dias)

Caminho não-crítico (duração mínima: 6 dias)

Atividades que podem ser feitas simultaneamente

Atividade que só pode ser iniciada após a conclusão de outras

TRABALHE COM UM DIAGRAMA DE REDE

O diagrama de rede mostra a relação entre as diversas atividades e evidencia quais delas dependem da conclusão de outras. Ele pode ser simples ou muito complexo, dependendo de quantas são as atividades e de como elas se inter-relacionam. Onde houver vários caminhos numa rede, existe a chance de completar tarefas simultaneamente. Indique a duração de cada tarefa e anote o tempo exigido para completar cada caminho, para descobrir o mais longo deles na rede. Este, conhecido como caminho crítico, indica a mais curta duração possível do projeto.

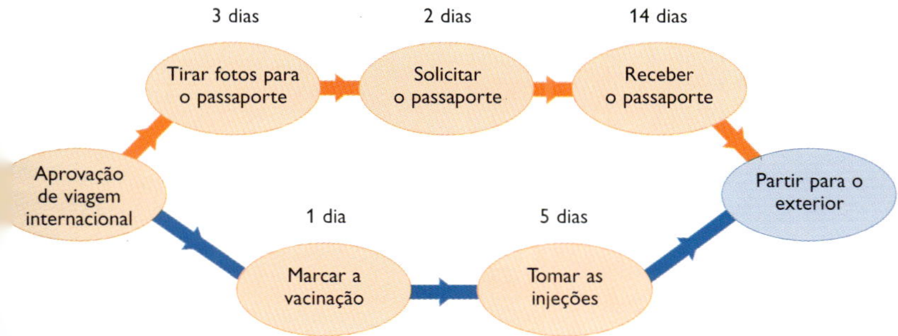

ESCUBRA FOLGAS

ocê também pode empregar o diagrama
rede para procurar encurtar o cronograma
projeto. Isso envolve descobrir em que
ntos é possível reduzir o tempo de atividades
caminho crítico (por exemplo, incrementando
recursos para determinadas tarefas).
examine com atenção o diagrama para
r se outros caminhos têm algumas folgas;
sse caso, você poderá realocar recursos para
duzir a pressão sobre os membros da equipe
sponsáveis por atividades do caminho crítico.

▲ **CRIAÇÃO DE UM DIAGRAMA DE REDE**

A rede acima mostra as atividades a cumprir antes de uma viagem. O avanço no caminho crítico deve ser bem monitorado, porque um atraso aí afetaria a data de conclusão do projeto.

46 Cumpra com rigor a programação do caminho crítico.

DEFINIÇÃO DE PRAZOS

Após estabelecer a sucessão lógica das atividades e calcular a duração mínima do projeto você pode fixar os prazos. Defina-os com cuidado, levando em conta os conflitos potenciais, e então obtenha a concordância da equipe.

47 Inicie logo as tarefas não-críticas para liberar recursos para mais tarde.

48 Mantenha sempre atualizado seu gráfico de Gantt.

COMO CALCULAR PRAZOS

Use o diagrama de rede para definir datas de início e fim de cada atividade. Comece com a primeira e siga com as demais, iniciando cada uma o mais cedo possível, para ganhar o máximo de tempo. Se uma delas não estiver no caminho crítico, suas datas poderão ser mais flexíveis, já que não afetam necessariamente a duração global do projeto. Finalmente, crie um gráfico de Gantt. Esse recurso é útil para a elaboração de qualquer programação, para mostrar cronogramas individuais em projetos complexos e para comparar o progresso em relação à programação original.

USE UM GRÁFICO DE GANTT

Este gráfico de Gantt inclui tarefas na primeira coluna e semanas na primeira linha. As barras indicam a extensão das tarefas, permitindo a visualização do conjunto dos trabalhos e dos tempos programados para cada um deles.

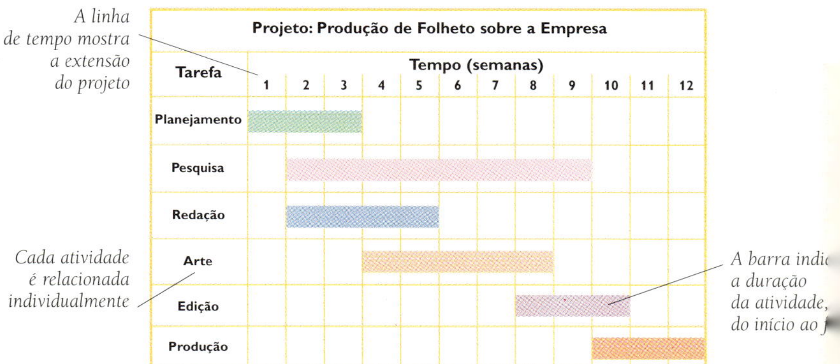

SOBREPOSIÇÕES

ara verificar se os prazos calculados para atividades do projeto são efetivamente realistas, nsulte seu gráfico de Gantt, a matriz compromisso e o cronograma geral. O gráfico vela imediatamente onde atividades do projeto sobrepõem. Onde houver sobreposição, a matriz formará se uma das atividades exige o mesmo curso ao mesmo tempo; nesse caso, você deverá ver as datas de início e fim daquela atividade. peça final de informação deriva de um exame do onograma geral, que lhe dirá se há sobreposição recursos entre dois ou mais projetos.

LEMBRE-SE

- Quanto antes se identificar uma sobreposição, tanto mais fácil será achar um meio de resolvê-la.
- Atividades não-críticas podem ser programadas para o mais tarde possível, para evidenciar quanto trabalho pode ser adiado sem afetar as atividades críticas.
- Quando os membros da equipe estiverem envolvidos em muitos projetos, será possível reduzir a sobreposição redistribuindo para outros algumas de suas tarefas.

49 Estimule sua equipe a ser realista no que se refere a datas.

O TEMPO DO PESSOAL

Discuta com as pessoas-chave os prazos fixados, para garantir que elas estejam disponíveis quando necessário. Talvez você precise se reunir com os gerentes delas, se elas tiverem outras incumbências na empresa. Em projetos longos, considere que os membros da equipe não estarão disponíveis todos os dias, mesmo que, em tese, trabalhem em tempo integral para o projeto. O tempo real em que eles estarão disponíveis é de cerca de dois terços do ano, ou seja, 240 dias (o outro terço abrange férias, feriados, afastamentos por doença e períodos de treinamento).

◀ PLANEJE AS FÉRIAS

Peça aos membros da equipe para que programem suas férias o mais cedo possível, para evitar alterações de última hora no cronograma. Afixe na parede uma tabela com os compromissos assumidos em relação a férias.

VALIDAÇÃO DO PLANO

Por mais bem-feito que seja o plano, as circunstâncias mudam e imprevistos sempre ocorrem. É vital trabalhar lado a lado com a equipe e os interessados, para antecipar e resolver problemas potenciais.

50 Discuta o plano final com seus clientes.

51 Peça a outros gerentes que o ajudem a identificar ameaças.

IDENTIFIQUE AMEAÇAS

Agora que você programou as atividades exigidas para concluir o projeto, faça num *brainstorming* uma lista de ameaças potenciais e analise o impacto de cada uma no plano. Pessoas de fora da equipe podem ser úteis nesse processo, que também incentiva as de dentro a defender o plano tornando-as mais determinadas em superar os obstáculos. Examine uma ameaça por vez, dando mais atenção às que podem afetar atividades do caminho crítico; com isso, você estará preparado para contra-atacar por antecipação.

COMO ANTECIPAR PROBLEMAS

Reúna um grupo de interessados, especialmente clientes, e pessoas com experiência. Pergunte-lhes sobre o que acham que poderia dar errado.

Um cliente identifica um problema potencial

A patrocinadora avalia o impacto sobre o projeto

A gerente de produto sugere um modo de superar a ameaça

Um membro da equipe anota ameaças e contra-ataques propostos

ANTEVEJA OS PROBLEMAS

Leve agora a equipe a centrar-se na prevenção le problemas potenciais. A questão é: "O que podemos fazer para reduzir a possibilidade le ocorrência de cada um desses problemas?" e certas atividades do plano dependerem le condições climáticas, por exemplo, você pode nudar datas da programação. Se houver revisão de uma possível escassez de materiais ásicos, considere meios de encaminhar om antecedência as soluções necessárias.

52 Se suspeitar que alguém pode precisar deixar a equipe, trate de treinar um substituto para ele

53 Faça planos de contingência com seus fornecedores.

54 Discuta planos de contingência com sua equipe.

PLANOS DE CONTINGÊNCIA

Não dá para prever tudo o que pode vir a prejudicar o projeto. Leve a equipe a pensar no que fazer se certas ameaças se concretizarem, para minimizar-lhes o impacto. Se o projeto exigir um novo software, por exemplo, imagine o que faria se ele fosse entregue com atraso. Se você conceber um plano de contingência para esse caso, provavelmente agregará custo ao projeto. Chame a atenção dos controladores do orçamento para tal eventualidade. Talvez você precise então rever sua análise de custo/benefício.

CONCLUA O PLANO

A partir da lista de ameaças e da discussão sobre revenção de problemas e planos de contingência, ocê decidirá que mudanças fazer no plano. xecute-as e ele estará concluído. Os membros a equipe já têm o ponto de partida; sabem qual situação agora e quais os resultados esperados. las não se esqueça de prepará-los para o fato e que o processo de implementação quase nunca contece precisamente como o previsto. provável que eles tenham de ajustar partes o plano à medida que as atividades desenvolvam e que as circunstâncias se alterem.

LEMBRE-SE

- Quanto mais interessados validam um plano, mais provável é a implementação dele.
- Havendo forte probabilidade de que um plano de contingência seja necessário, aquele curso de ação deve se tornar o plano real.
- O tempo consumido em validar o plano e antecipar problemas raramente é mal gasto.
- Todo o plano deve ser conferido duas vezes pelo gerente de produto antes da implementação.

IMPLEMENTAÇÃO DE PLANOS

O sucesso do plano de um projeto depende das pessoas que o executam. Exerça sua capacidade de liderança para construir uma equipe forte e empenhada, e conduza-a aos resultados desejados.

O PAPEL DO GERENTE

Implementar com êxito um plano exige ampla compreensão de tudo o que está envolvido nele. Para poder liderar com eficiência a equipe, familiarize-se com as tarefas, responsabilidades e aptidões que caracterizarão o processo.

55 Domine o plano e responda com segurança às questões levantadas

56 Tenha em mente as prioridades da empresa, em especial se o projeto visa aumentar lucros.

DEFINA SUAS RESPONSABILIDADES

Como gerente, cabe-lhe toda a responsabilidade pelo sucesso do projeto. Após ter negociado o planejamento, você deve agora colocar o plano em ação. Isso supõe selecionar bem os membros da equipe, motivá-los para que as metas do projeto sejam atingidas e ajudá-los a se desenvolverem pessoal e profissionalmente. O gerente de projeto deve ainda estabelecer bom relacionamento com os interessados, dirigir reuniões com eficiência, administrar, coordenar e comunicar claramente em todos os níveis e em cada etapa do processo.

Assuma o Comando

Jm bom gerente de projeto é ao mesmo tempo dministrador e líder. Os líderes exercem autoridade, transformam planos em ações e abem motivar os comandados, bem como variam estilo de liderança segundo as circunstâncias. 'ocê adquirirá essas habilidades com treino e com tempo; pratique-as fora da empresa, por exemplo um cargo em seu clube. Você desenvolverá abilidades de liderança sobretudo assumindo sponsabilidade por objetivos. Talvez deva omeçar tornando-se responsável por um grupo e atividades antes de assumir um projeto inteiro.

Defina Seu Papel

1. **Selecione a equipe definitiva e distribua responsabilidades**
2. **Lance o projeto com êxito**
3. **Motive a equipe e leve-a a manter o foco nos objetivos**
4. **Organize sistemas de informação**
5. **Comunique as informações fundamentais**

◄ **ATRIBUTOS ESSENCIAIS**
Para ser um líder eficiente você deve desenvolver vários atributos essenciais. Este exemplo resume as qualidades esperadas de um bom gerente de projeto.

Pergunte-se

- Estou realmente interessado em ficar no projeto até o fim?
- Estou realmente interessado em desenvolver pessoas e em ajudá-las a se tornarem líderes?
- Estou realmente interessado em trabalhar neste projeto?
- Posso delegar objetivos, tanto quanto tarefas, à equipe?

Avalie-se

Se não estiver seguro de possuir os atributos de um líder, ouça a opinião de alguém que você respeite pelas críticas objetivas. Por exemplo, converse com pessoas com as quais trabalhou no passado para saber como elas o vêem. Se elas não vacilam em afirmar que gostariam de trabalhar com você, esse é um bom indicador. Diante dos fatos, crie uma imagem daquilo que quer ser no futuro e faça um plano para desenvolver as habilidades necessárias.

COMO MONTAR A EQUIPE

Após ter planejado o projeto com um grupo básico de colaboradores, reúna agora as demais pessoas, combinando as habilidades e personalidades desejáveis. Escolha-as com cuidado. Lembre-se de que a equipe é decisiva para o êxito do projeto.

57 Não tenha idéias preconcebidas. Julgue as pessoas com bom senso.

PERGUNTE-SE

- **P** Quanto sei sobre determinado membro potencial da equipe e quanto confio nele?
- **P** Poderei trabalhar confortavelmente com ele?
- **P** Estou seguro de que os membros da equipe vão se dar bem uns com os outros?
- **P** Este membro da equipe tem habilidades e talento para fazer o trabalho ou será preciso treiná-lo?

AVALIE DISPONIBILIDADES

Consulte a matriz de compromisso para identificar as habilidades e as pessoas necessárias para sua equipe. Ela lhe informará quem é exigido, quando e por quanto tempo. Faça uma relação de candidatos que se adequariam a cada área do plano e investigue se esses funcionários estão disponíveis. Talvez você precise negociar com outros gerentes, se tiver a intenção de trazer pessoas de outras áreas da empresa. Seu projeto certamente não é o único em andamento; logo, você também deverá conversar com quem esteja na coordenação geral dos recursos.

SELECIONE AS PESSOAS CERTAS

As pessoas que você quer atrair devem não apenas ter as habilidades necessárias, mas também vir com boa vontade. É bem mais fácil trabalhar com pessoas animadas com o projeto; assim, vale a pena conversar com membros potenciais da equipe para saber o que pensam dele. Considere também a equipe como um todo. Cada membro se adaptará aos demais? Há algum conflito entre membros potenciais? Claro, você os ajudará a se organizar como equipe, mas é melhor iniciar com pessoas que nutram mútua simpatia.

58 Seja franco com colaboradores potenciais. Veja se concordam com as metas do projeto.

59 Monte uma equipe que aproveite as habilidades de cada pessoa sem sobrecarregá-las no que são fracas.

VALIE OS PAPÉIS

'ara qualquer equipe que se responsabilizará ela implementação de um projeto você desejará essoas que exerçam papéis tanto funcionais uanto de grupo. Para operar com eficiência omo líder, você buscará gente para os papéis e crítico, implementador, contato externo, oordenador, pessoa de idéias, construtor a equipe e inspetor. A maioria dos membros ajustará bem a um ou mais desses papéis. ocê precisa deles todos; na ausência de um, ocê mesmo deverá assumi-lo. Por exemplo, ninguém questiona padrões, qualidade e modo e trabalhar da equipe, é porque falta um crítico. xerça esse papel até perceber alguém ue se incline para ele. Discuta abertamente s papéis, incentive as conversas a respeito você conseguirá uma das mais importantes ualidades de um grupo, o espírito de equipe.

CERTO E ERRADO

- ✓ Deixe que as pessoas assumam por conta própria os papéis.
- ✓ Exerça dois ou mais papéis quando a equipe tiver poucos membros.
- ✓ Peça a um interessado para assumir um papel se ele não estiver sendo bem exercido.
- ✗ Não force uma pessoa a um papel ao qual ela não se ajusta.
- ✗ Não espere que alguém continue com um papel que não lhe seja confortável.
- ✗ Não assuma você mesmo um papel se isso parecer insincero.

PRINCIPAIS PAPÉIS

COORDENADOR
Organiza coerentemente o trabalho da equipe.

CRÍTICO
Guardião e analista da eficiência da equipe.

PESSOA DE IDÉIAS
Estimula a vitalidade criativa da equipe.

IMPLEMENTADOR
Garante a boa execução das ações da equipe.

CONTATO EXTERNO
Cuida dos contatos externos da equipe.

INSPETOR
Assegura a manutenção de altos padrões.

CONSTRUTOR DA EQUIPE
Desenvolve o espírito de trabalho em equipe.

60 Estimule críticas, mas peça ao crítico que também ofereça alternativas.

COMO INICIAR POSITIVAMENTE

Uma vez montada a equipe, lance o projeto de um modo positivo. Estimule o trabalho em grupo, convidando os envolvidos para uma reunião informal. Registre formalmente a existência do projeto, para tornar claro seu propósito.

61 Peça a um diretor para prestigiar, com sua presença, o lançamento.

62 Capte as reações de recém-chegados e, se necessário, repense atividades.

EXPLIQUE E OUÇA

Num estágio preliminar, reúna todos os membros da equipe para uma sessão de iniciação e procure contar-lhes exatamente em que consiste o projeto. Explique metas e limitações, informe sobre como o projeto poderá beneficiá-los pessoal e profissionalmente e defina regras básicas sobre o compartilhamento de informação e a tomada de decisões. Deixe-os fazer perguntas. Ao final do encontro, todos devem ter bem claro o que precisa ser feito e se sentir motivados a consegui-lo.

USE SEU PATROCINADOR ▼

A primeira reunião da equipe oferece uma importante tribuna para o patrocinador. Convide-o para falar ao grupo e expressar confiança e satisfação quanto ao projeto. Isso é inestimável para incentivar o espírito de equipe.

Um membro da equipe compreende a importância do projeto

Um colega sente-se valorizado em seu novo papel

A patrocinadora saúda a equipe com entusiasmo

Um membro da equipe se impressiona com a confiança da patrocinadora na gerente de projeto e em seu grupo

?repare um Relatório)e Lançamento

) relatório de lançamento deve esclarecer conceito que inspirou o projeto e os objetivos ue a equipe perseguirá. Você pode também tilizá-lo para documentar os recursos alocados o projeto e dar algumas indicações sobre s principais riscos envolvidos na implementação. inalmente, inclua uma relação dos interessados, ara que todos saibam quem são, e peça a quem ıais estiver apoiando o projeto para que assine documento. Entre as assinaturas devem estar do gerente de projeto e a do patrocinador.

63 Não use linguagem complexa ou jargão técnico em relatórios.

64 Peça assinaturas para o plano, como aprovação formal.

Estruturação do Relatório de Lançamento

Partes do Relatório	Fatores a Incluir
Conceito Explicação sobre o objetivo geral do projeto.	• Deixe bem claro por que o projeto foi concebido e o que pretende conseguir. • Mostre os benefícios do projeto para a equipe responsável por ele e para a empresa como um todo.
Metas Sumário de indicadores, desempenho atual e números-alvo.	• Mostre com clareza as formas pelas quais o sucesso do projeto será aferido. • Exponha quais resultados terão sido obtidos para a empresa quando o projeto for concluído.
Marcos Eventos ou conquistas que marcam o avanço do projeto.	• Resuma os marcos para relembrar aos envolvidos o que devem proporcionar em cada estágio do projeto. • Defina os marcos de modo que eles dividam o projeto em segmentos lógicos e mensuráveis.
Riscos e Oportunidades Lista dos riscos potenciais e das oportunidades adicionais.	• Exponha o que será preciso evitar quando os membros da equipe desempenharem seus papéis. • Destaque áreas em que podem ser feitas melhorias para que o projeto propicie benefícios ainda maiores.
Lista dos Interessados Relação de todos os interessados envolvidos no projeto.	• Relacione todos os interessados e indique suas credenciais, para aumentar a credibilidade do projeto. • Relacione todos os seus clientes e mencione o que cada um deles espera ganhar com o projeto.

A LIDERANÇA EFICAZ

Há muitos estilos de liderança, mas, como os projetos dependem de um bom trabalho de equipe, é importante adotar uma abordagem de consenso, e não ditatorial. Para liderar bem um projeto você deve saber motivar a equipe.

65 Seja um gerente que as pessoas queiram procurar, e não evitar.

66 Mostre entusiasmo pelo projeto, mesmo quando sob pressão.

O ESTILO ADEQUADO

Há uma gama de possibilidades de estilo de liderança, e você precisará adotar todas elas ao longo do processo de implementação. Embora sua abordagem possa variar de um estilo ditatorial a um de busca de consenso, o estilo predominante dependerá da empresa, da natureza do projeto, das características da equipe e, evidentemente, de sua própria personalidade.

ESTILOS DE LIDERANÇA E SEUS USOS

ESTILO DE LIDERANÇA	QUANDO USAR
DITATORIAL Tomar decisões sozinho, assumir riscos, ser autocrático e controlador.	Este estilo pode ser adequado se o projeto enfrentar uma crise e não houver tempo para consultas. Como desestimula o trabalho em equipe, só deve ser usado como última alternativa.
ANALÍTICO Reunir fatos, observar e analisar antes de chegar às decisões.	Este estilo, que exige grande habilidade analítica, pode ser usado quando um projeto estiver sob pressão ou ameaça. As decisões certas precisam ser tomadas rapidamente.
BUSCADOR DE OPINIÕES Pedir à equipe opiniões nas quais fundamentar as decisões.	Use este estilo para criar confiança na equipe e mostrar que você valoriza as opiniões alheias, bem como para impressionar os interessados, que gostam de ser consultados.
DEMOCRÁTICO Incentivar a participação da equipe e envolvê-la na tomada de decisões.	Este é um estilo essencial, que deve ser utilizado regularmente para valorizar os membros da equipe e ajudar a fortalecer o envolvimento de cada um deles com o projeto.

DIFERENÇAS CULTURAIS

Gerentes de projeto britânicos costumam criar um pequeno círculo de membros-chave da equipe para acelerar a tomada de decisões. Nos EUA toda a equipe é freqüentemente reunida para isso. No Japão as decisões são tomadas por consenso; a aprovação unânime resulta de um trabalhoso processo.

MUDANÇA DE ESTILO

Esteja pronto para mudar seu estilo de liderança para ajustar-se às circunstâncias e à equipe, mesmo que, por um tempo, se sinta desconfortável com um jeito de comandar que não lhe é natural. Por exemplo, alguns gerentes acham que consultas são aborrecidas e fazem perder tempo; outros lutam tanto pelo consenso que as decisões tardam demais, afetando o projeto. O segredo para boas decisões de consenso é ouvir cuidadosamente todos antes de indicar para que direção tendem. Chega-se então a uma decisão de acordo com isso, a menos que alguém tenha bons argumentos contra.

LIDERE ADEQUADAMENTE

Cada membro da equipe tem uma personalidade um estilo únicos. Procure estudar bem s pessoas, para entender o que as motiva, e modo a poder oferecer-lhes a liderança e que necessitam. Algumas preferem ser vistas omo objetivas, aceitando do gerente de projeto esponsabilidades de todo tipo. Outras reagem melhor quando recebem tarefas específicas. se o estilo de liderança adequado a cada pessoa.

◀ LADO A LADO
Explique claramente o que espera de um funcionário novo ou menos seguro. Ele precisará de supervisão próxima e de muito estímulo.

▼ ESTÍMULO À INICIATIVA PRÓPRIA
Motive um membro capaz e experiente permitindo-lhe agir com iniciativa própria. Dê-lhe apoio e orientação, mas evite interferir muito fortemente.

O CAMINHO CERTO

Há dois fatores principais a considerar quando se decide o estilo de liderança. Se o projeto estiver pressionado por prazos, talvez não haja alternativa ao estilo ditatorial, porque você não pode se dar ao luxo de gastar tempo com consultas. Se quiser empenho, deve envolver mais gente nas decisões essenciais, para aumentar-lhes a disposição de fazer com que elas funcionem. Qualquer que seja o estilo escolhido, assegure-se de poder provar que esse é o caminho certo.

LEMBRE-SE

- Aceite que a equipe não faça tudo como você quer, desde que os resultados sejam satisfatórios.
- Quando um pequeno ponto importa para um membro, é sábio ceder. Você deve procura ganhar a guerra, e não cada uma das batalhas.
- Se você acha que o sucesso do projeto está ameaçado, é hor de se tornar mais incisivo.

67 Procure usar construtivamente o conflito.

RESOLUÇÃO DE CONFLITOS

Choques de personalidade costumam ser inevitáveis quando muitas pessoas trabalham juntas. Podem ocorrer diferenças de opinião sobr métodos de trabalho ou disputas entre funcionários de diferentes padrões de qualidade profissional, ou pode haver pessoas que simplesmente não se dão bem com outras do grupo. Nesses casos, resolva o conflito tomando uma decisão ou, com diplomacia, converse com os envolvidos. Às vezes os conflitos acontecem por causa de prazos. Por exemplo, alguém quer ma tempo para uma tarefa e um colega acha isso desnecessário Examine o cronograma com amb para chegar a uma solução que sirva a cada um deles.

◀ **SEJA DIPLOMÁTICO**
Quando um conflito na equipe ameaçar o sucesso do projeto você deve intervir como mediador. Procure uma solução que traga alguma satisfação às partes. Esse acordo permitirá a evolução do projeto.

ESTUDO DE CASO
Sílvia dirigia um subgrupo de trabalho da equipe da qual participava. Quando o projeto começou a andar, Décio, o gerente, surpreendeu-se ao perceber que Alexandre, um dos mais competentes membros daquele subgrupo, contribuía muito pouco nas reuniões da equipe. Chamou-o e lhe perguntou como as coisas estavam indo. Sem criticar Sílvia e ouvindo cuidadosamente Alexandre, Décio concluiu que este se envolvera muito mais na tomada de decisões em outras equipes nas quais trabalhara. Ficou bem evidente, para Décio, que Alexandre achava Sílvia muito impositiva. Décio abordou-a e pediu-lhe que repensasse seu estilo de liderança em relação a Alexandre. Como resultado, ela começou a ouvir mais Alexandre e este passou a exercer um papel bem mais ativo nas reuniões.

◀ LIDERANÇA SÁBIA
A abordagem impositiva de Sílvia e sua tendência a tomar todas as decisões eram desestimulantes para Alexandre, que gostava de ter iniciativa própria. Em vez de tentar resolver diretamente o problema, Décio pediu a Sílvia que reexaminasse seu estilo de liderança em relação a Alexandre. Sílvia passou a ouvir e a valorizar mais Alexandre, cujo desempenho logo melhorou.

Admita Erros

É difícil pensar que um bom líder pode deixar as pessoas cometerem erros. Com sua experiência, talvez você saiba que a equipe vai tomar uma decisão inadequada aos interesses do projeto; contudo, se assumir o controle, não estará necessariamente ajudando as pessoas a melhorar. Se elas nunca virem o efeito de suas decisões, nunca aprenderão quais causaram problemas. Claro, você deve impedir erros graves. O desenvolvimento da equipe é importante, mas os objetivos do projeto estão em primeiro lugar.

68 Mostre respeito pela equipe e ela o respeitará.

69 Introduza novas idéias para manter a equipe motivada.

Exercício das Habilidades de Liderança

Para liderar eficazmente sua equipe, você deve:

- Assegurar-se de que cada membro esteja trabalhando por objetivos aceitos de comum acordo;
- Criticar construtivamente e elogiar o bom trabalho, tanto quanto apontar o que não considera de boa qualidade;
- Monitorar sempre as atividades dos membros, por meio de feedback eficiente (como relatórios regulares);
- Estimular a geração de idéias pela equipe, com técnicas como o *brainstorming*;
- Aperfeiçoar as habilidades individuais e coletivas da equipe, e procurar fortalecê-las com treinamento e recrutamento.

TRABALHO EM EQUIPE

Para uma equipe ser bem-sucedida na obtenção dos objetivos propostos, seus membros devem trabalhar unidos. Incentive o trabalho em equipe promovendo uma atmosfera positiva, na qual haja competição de idéias, não de egos.

70 Quando alguém merecer, elogie-o diante da equipe.

DIFERENÇAS CULTURAIS

Nos EUA, gerentes de projeto usam muita retórica para motivar o pessoal e criar o espírito de equipe. No Reino Unido, um discurso eloqüente também estimula o envolvimento, mas a abordagem é mais sutil. No Japão, os gerentes tentam estabelecer laços de lealdade enfatizando a importância do projeto para a empresa.

ESTIMULE A EQUIPE

Cada membro da equipe deve ser capaz de reconhecer a contribuição de seus colegas para o projeto. Estimule-os a valorizar a capacitação dos outros e a trabalhar juntos para atingir altos padrões de desempenho. Elogie a equipe e as pessoas individualmente, para que todos sintam que fazem um bom trabalho. Se cada um entender os papéis que os demais representam não haverá razão para conflito e incerteza. Como gerente de projeto, você deve ser justo com todos, pois qualquer favoritismo gera desavenças. Use reuniões de avaliação para fortalecer o trabalho em equipe e aumentar a confiança das pessoas.

DESENVOLVIMENTO DA EQUIPE

Todas as equipes passam por quatro estágios à medida que vão se desenvolvendo: formação, turbulência, normalização e desempenho. Seu objetivo é levar a equipe a este último, quando as pessoas estão trabalhando bem unidas e tão rapidamente quanto possível. Com liderança firme, os difíceis estágios iniciais podem ser administrados sem dificuldade. Utilize sua autoridade para desarmar conflitos e bloquear quaisquer manobras políticas.

LEMBRE-SE

- No início, nem todos os membros da equipe estarão igualmente empenhados.
- É normal que cada membro passe pelo estágio de turbulênci[a]. Este pode ser criativo, se administrado positivamente.
- Desenvolva colaboradores criativos, e não conformistas.
- Para trabalhar bem em conjunt[o], as pessoas precisam se sentir confortáveis com o que fazem.

ADMINISTRAÇÃO DO DESENVOLVIMENTO DE UMA EQUIPE DE PROJETO

FORMAÇÃO
Os membros se sentem inseguros a respeito de seus papéis no projeto

→ *Explique qual será a contribuição de cada um*

TURBULÊNCIA
Os membros tentam impor suas idéias e manobrar para galgar posições

→ *Deixe claro que o trabalho em equipe é vital para o sucesso*

NORMALIZAÇÃO
Práticas e processos de trabalho são aprovados e estabelecidos

→ *Realce o espírito de equipe e desenvolva as habilidades individuais*

→ *Leve a equipe a confiar em sua capacitação coletiva*

DESEMPENHO
A equipe trabalha positiva e produtivamente para atingir as metas do projeto

→ *Mantenha a equipe centrada na conclusão do projeto*

)UAS FASES PERIGOSAS

xistem mais dois estágios na vida de longo prazo uma equipe: tédio e luto. O primeiro costuma orrer em projetos de extensa duração, nos quais, erta altura, as pessoas podem perder o interesse ı buscar novos desafios ou novos modos fazer as coisas; nesse caso, seu papel deve : o de estimular a inovação. O estágio do luto ontece quando uma equipe muito unida reage ıl à saída de um dos membros, lamentando a rda. Substitua a pessoa que saiu e reafirme às mais que você confia na competência delas.

71 Ajude as pessoas a resolverem sozinhas os problemas.

72 Lembre-se: relações pessoais mudam com o passar do tempo.

DECISÕES DE EQUIPE

Ao se traçar o futuro curso do projeto, a qualidade das decisões é vital. Para garantir a tomada de decisões corretas em equipe, defina um processo lógico, a ser seguido sempre, e utilize feedback para reconferir a qualidade delas.

73 Conheça todos os fatos antes de tomar uma decisão.

LEMBRE-SE

- Usar um processo de tomada de decisões pode consumir tempo no início, mas a rapidez aumenta com a experiência.
- O processo de tomada de decisões pode ser claramente exposto a patrocinadores e intereressados.
- As pessoas implementam decisões com mais boa vontade quando participaram delas.

USE UM PROCESSO LÓGICO

Seguir o mesmo processo para cada decisão tem muitas vantagens. Desde que todos os envolvidos conheçam o processo, a equipe decide mais rapidamente, elimina logo opções inválidas e chega à alternativa mais razoável. A qualidade da decisão aumenta porque o uso de um processo exclui parte dos "chutes" e também, porque membros da equipe inicialment contra uma decisão tendem mais a aceitá-la se foi tomada por um processo de consenso.

DEFINA O IDEAL

A equipe deve concordar com critérios pelos quais avaliar decisões e o desempenho ideal segundo cada critério. Suponha que você tem duas opções em relação a um fornecedor. Peça aos membros da equipe para sugerir a solução ideal. Pergunte-lhes: "O que queremos que esta solução faça por nós?" e "Que benefícios devemos buscar?". A lista obtida dá à equipe um meio de filtrar opções e comparar alternativas.

▼ **LISTA DE CRITÉRIOS**

Num brainstorming, liste critérios par avaliar decisões e peça a um membro da equipe que anote cada sugestão num quadro, para que todos usem a mesma linguagem para descrever o ideal.

VALIAÇÃO DE OPÇÕES

om a ajuda dos membros da equipe, procure lentificar os critérios mais importantes. alvez você defina três ou quatro como básicos. valie então todas opções segundo o ideal aceito ara cada critério. O processo é lógico, mas bom pensamento criativo ainda é necessário para valiar bem as opções. Depois da avaliação, talvez ocê ache que a decisão é óbvia; do contrário, me o próximo critério mais importante e repita exercício. Continue até que só uma opção rmaneça, ou até que a equipe esteja certa que, digamos, há duas opções válidas. for o caso, escolha a que julgar mais aceitável ara o patrocinador e outros interessados.

74 Estimule o debate das opções para ter uma perspectiva mais ampla.

75 Peça a um crítico objetivo que opine sobre sua decisão.

A TOMADA SEGURA DE DECISÕES

Quais as conseqüências de uma decisão errada sua? Se acha que seriam catastróficas, repense o problema e procure um rumo menos arriscado. Para validar a escolha, use o teste AAVD, letras que indicam:

- Adequada: a decisão é mesmo a mais adequada diante do estado atual do projeto?
- Aceitável: a decisão é aceitável para todos os interessados no projeto?
- Viável: será prático e viável implementar a solução, considerando os limites de tempo e de recursos do projeto?
- Duradoura: a solução resistirá até o fim do projeto e depois dele, a longo prazo?

Lembre-se de que o teste AAVD pode ser aplicado para avaliar com rapidez quaisquer decisões tomadas por equipes ou por pessoas.

VALIDAÇÃO DE DECISÕES ▶

Certifique-se de que tomou as decisões certas ouvindo a opinião do patrocinador ou de outros interessados, como clientes ou fornecedores.

GESTÃO DA INFORMAÇÃO

As informações essenciais do projeto devem estar facilmente acessíveis a todos os envolvidos. Para registrá-las de modo eficiente e mantê-las atualizadas, crie um centro de informação e designe um coordenador para gerenciá-lo.

76 Para referência futura, registre erros cometidos e lições aprendidas.

77 Indexe a informação para torná-la mais acessível.

78 Atualize regularmente os dados.

INFORMAÇÕES ÚTEIS

Ao longo do trabalho se produzirá um grande volume de dados. Cada item de informação deve ser visto como potencialmente valioso para este ou próximos projetos. Ficará óbvio o que deve ser registrado, mas pense mais amplamente. Por exemplo, se o projeto envolve um *benchmark* de produtividade, considere que isso pode interessar a outras áreas da empresa. Tarefas feitas sob condições especiais, novas técnicas ou mesmo o modo de estruturação da equipe podem ser importantes para o futuro.

ORGANIZE OS DADOS

Os dados do projeto podem ser de dois tipos: de planejamento –por exemplo, a matriz de compromisso, os objetivos, o cronograma geral e o diagrama de rede– e gerais, como quaisquer informações sobre a execução de atividades ao longo da implementação. Pode valer a pena dividir estas últimas em três subgrupos: atividades concluídas, em andamento e ainda não iniciadas. Assim, todos os envolvidos no projeto saberão exatamente onde procurar a informação de que precisam. Evite o acúmulo de dados desnecessários, porque estes apenas atrapalharão um sistema concebido para ser fácil de usar e eficiente.

PASSO A PASSO

1. Informe à equipe que tipos de dados devem ir para o centro de informação.
2. Garanta ao coordenador de informação o software necessário para o bom funcionamento do centro.
3. Peça ao coordenador para lembrar as pessoas sobre prazos de conclusão de atividades e relatórios.

)ESIGNE UM COORDENADOR

Jum projeto com fluxo limitado de informação ocê provavelmente será capaz de gerenciar ozinho os dados relevantes. Em outros nos quais la seja volumosa, porém, valerá a pena colocar m dos membros da equipe no comando de um entro de informação, em regime de tempo total u parcial, dependendo do caso. Para exercer ssa função, a coordenadoria de informação, candidato mais provável será o membro que aais comumente assume o papel de coordenador. le deverá manter atualizada a documentação coletar, indexar e tornar disponível toda informação reunida pela equipe.

DIFERENÇAS CULTURAIS

As empresas norte-americanas costumam ser líderes no campo de coligir informação e torná-la disponível para toda a organização. A maioria usa coordenadores de informação em vários níveis, permitindo aos gerentes de projeto acesso rápido e fácil aos dados. A importância desses coordenadores também começa a ser crescentemente valorizada na Europa.

Um membro da equipe atualiza o coordenador sobre o progresso de determinada atividade

O coordenador registra os dados no centro de informação

◀ **ATUALIZAÇÃO DA INFORMAÇÃO**
O coordenador de informação exerce papel relevante como administrador do plano do projeto, coligindo relatórios das atividades e atualizando diagramas de rede, gráficos de Gantt e outros dados importantes.

COMO COMUNICAR-SE BEM

Quanto melhor for a comunicação, tanto melhor fluirá o projeto. Procure facilitar ao máximo o acesso às informações sobre ele e estimule a comunicação de mão dupla, ouvindo as pessoas e solicitando-lhes feedback.

79 Evite mensagens que mais atrapalham do que ajudam.

80 Pergunte o que as pessoas querem e precisam saber.

81 Faça reuniões com cada membro da equipe.

PARTILHE INFORMAÇÃO

Veja quem precisa de qual informação, quando e em que formato, certificando-se de não deixar de lado nenhum dos interessados. Concentre-se nas pessoas cujo acesso à informação é crucial para o projeto, mas não ignore outras com papéi menos relevantes. Planeje como deixará disponível a informação, para que o acesso seja o mais rápido possível. Seu coordenador de informação deve conhecer as prioridades. Por exemplo, se um cliente altera especificações, a equipe precisa ser urgentemente avisada.

USO DA TECNOLOGIA DA INFORMAÇÃO

Explore a tecnologia para melhorar a comunicação. O correio eletrônico, por exemplo, constitui um recurso útil para economizar tempo, desde que bem manejado. Pense cuidadosamente antes de redigir qualquer mensagem, seja de que natureza for. É absolutamente necessário mandar uma mensagem agora? É o meio mais eficiente de comunicação nas atuais circunstâncias? Como regra, envie o menor número possível de e-mails para fazer bem o trabalho. Além disso, lembre-se da compatibilidade. Anexar a um e-mail um arquivo que o destinatário não conseguirá abrir, por não ter o software adequado, resulta em truncamento da comunicação, ou seja, significa puro desperdício de tempo.

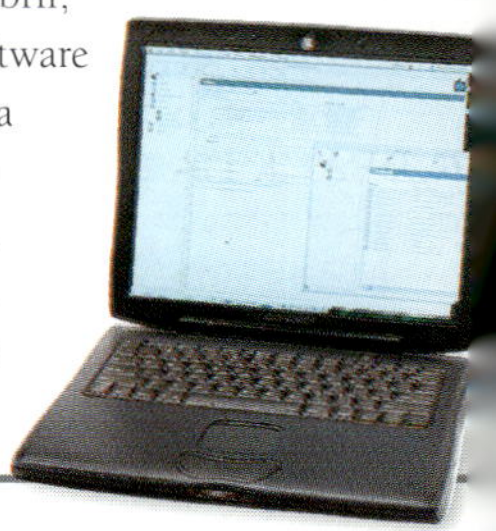

ESTIMULE A COMUNICAÇÃO EM MÃO DUPLA

A equipe constitui o conduto primário da informação entre o cliente, outros interessados e você, o gerente de projeto. É importante estimular o feedback sincero. Utilize perguntas francas, como estas, para captar os reais sentimentos e opiniões das pessoas:

“Como você acha que podemos melhorar o modo de trabalhar neste projeto?”

“Após ter concluído esta atividade, você gostaria de mudar alguma coisa se tivesse de fazê-la de novo?”

“Como os clientes estão reagindo a nosso trabalho? Eles parecem estar satisfeitos?”

“Você tem conhecimento de alguma reação negativa quanto à evolução do projeto?”

)UÇA COM ATENÇÃO

ıcentive a equipe a ser aberta e franca com você, .ostrando que valoriza suas opiniões e está :onto a ouvi-las. Deixe claro que mesmo :n feedback negativo será visto como .na oportunidade para melhorar e assegure-se : que as pessoas não temerão nenhuma presália por fazerem críticas. Mantenha :a porta aberta também para os interessados :les devem saber que podem ›ordá-lo com questões ı problemas. Preste muita ençăo ao que os outros zem, pois só assim você berá se suas mensagens › realmente entendidas.

82 Preste atenção ao que as pessoas dizem e em como elas o dizem.

Um membro da equipe sente-se à vontade para expressar uma opinião franca

Um colega fornece feedback negativo e positivo

SOLICITE ▸ EEDBACK DA EQUIPE

Reúna os membros de sua equipe, de uma só vez ou, dependendo do caso, em pequenos grupos, e peça-lhes feedback na forma de comentários sobre como o projeto está avançando.

MONITORAÇÃO DO DESEMPENHO

É essencial um bom acompanhamento do projeto, em termos de desempenho, tempo e custo. Atue rapidamente ante problemas e mudanças para manter o rumo traçado no plano.

BASES DA MONITORAÇÃO

Mesmo os melhores planos podem desviar-se da rota e até naufragar –daí a importância de uma boa monitoração. Saiba o que é preciso para implantar um sistema eficiente, que o ajudará a identificar problemas potenciais.

83 Compare custos e tempos reais com o previsto no plano

84 Nunca afrouxe o controle, mesmo que tudo vá bem.

85 Peça à equipe idéias para acelerar o processo.

MONITORE BEM

Manter o controle do projeto supõe gerenciar bem o plano, de maneira que ele possa seguir criteriosamente o curso programado. Uma monitoração eficiente permite a coleta de informações para avaliar e ajustar o desempenho em função das metas. Ela o ajuda a comunicar o estado das coisas aos membros da equipe, a seus superiores e aos demais interessados, e lhe fornece as justificativas para fazer as correções necessárias. Além disso, permite aferir o desempenho em relação ao previsto no plano.

MONITORE OS FORNECEDORES

Fornecedores podem ser uma ameaça, pois você não tem controle direto sobre seus recursos; por esse motivo, monitore o desempenho deles. Faça-os sentir-se parte da equipe convidando-os para reuniões formais ou não. Isso o ajudará a acompanhar o envolvimento deles no projeto, e não apenas ficar sabendo quando eles devem entregar seus produtos ou serviços.

BASES DO PROCESSO DE MONITORAÇÃO

A equipe prepara relatórios sobre as atividades

↓

O gerente de projeto resume os relatórios para os interessados

↓

Itens para discussão são levantados em reuniões regulares de avaliação

↓

Reuniões regulares de avaliação discutem problemas e analisam as atividades

↓

Reuniões periódicas são feitas para monitorar as etapas do projeto

↓

Se necessário, o plano é ajustado para que o projeto se mantenha no rumo

RELATÓRIOS DE ATIVIDADES

Qualquer um incumbido de uma atividade deve azer relatórios sobre o andamento do trabalho. stimule a equipe a levá-los a sério. O relatório eve registrar o estado atual do projeto, o que foi cançado desde o relatório anterior e problemas, portunidades ou ameaças potenciais às metas. omo gerente, você analisa esses documentos os resume para os interessados. Após definir a nportância das questões relatadas, use um sistema e identificação do tipo verde-amarelo-vermelho ara preparar a pauta da reunião de avaliação, a qual os itens em vermelho terão prioridade.

LEMBRE-SE

Se o projeto for grande ou complexo, serão precisos relatórios mais freqüentes.

Controles mais freqüentes também são necessários para projetos que envolvam novas experiências para a empresa.

Se as pessoas da equipe estiverem habituadas à iniciativa própria, a monitoração muito freqüente pode ser contraprodutiva.

FREQÜÊNCIA DA AVALIAÇÃO

Preocupe-se com a freqüência dos relatórios e das reuniões de avaliação. Talvez você precise de relatórios semanais ou até diários, dependendo do risco da não-detecção a tempo de certos problemas. Reuniões de avaliação ajudam a resolver dúvidas, discutir avanços e analisar o desempenho. Você pode decidir fazê-las mensalmente ou então a intervalos menores, no caso de projetos complexos (ou em fases especialmente críticas de outros mais simples).

Como Organizar Reuniões de Avaliação

A evolução das atividades do projeto deve ser regularmente examinada em reuniões de avaliação. Conduza-as do modo certo, estimulando a equipe e fornecendo a todos os participantes uma visão precisa do progresso do plano traçado.

86 Incentive a equipe a se abrir sobre qualquer aspecto do projeto.

87 Não faça reuniões insuportavelmente longas e cansativas.

88 Se houve avanços, aplauda o esforço das pessoas.

Tipos de Reunião

Há dois tipos de reunião de avaliação. As regulares ocorrem no mínimo mensalmente, para examinar em detalhe os progressos na implementação do plano. Outras devem ser feitas em função de fatos concretos, como metas atingidas; para esse segundo tipo de reunião, convide os interessados, como seu superior ou o patrocinador. Nesses encontros cujo foco estará centrado nos objetivos do projeto essas pessoas poderão verificar se os resultados estão atendendo aos critérios planejados.

Seleção dos Participantes

Apenas em algumas reuniões você precisará da presença do patrocinador. Os membros da equipe em geral deverão comparecer a todas; outras pessoas só serão convidadas se houver uma razão especial, para evitar que percam tempo inutilmente. Se alguém deve estar presente apenas para um ou dois itens da pauta, estime quando eles serão discutidos e peça-lhe para chegar alguns minutos antes. Se uma decisão for necessária, assegure-se da presença de quem tem autoridade para tomá-la.

Pergunte-se

P Cada participante terá uma contribuição válida a dar?

P Há membros da equipe que só precisam estar presentes a uma parte da reunião?

P Este membro da equipe está presente à reunião porque sempre foi assim ou por uma razão específica?

P A ausência de alguém implica uma ameaça ao projeto?

Estabeleça a pauta com base nos relatórios de atividades → **Decida quem deverá comparecer à reunião** → **Forneça a pauta aos participantes**

CONDUÇÃO DAS REUNIÕES

O segredo de conduzir eficientemente uma reunião é a disciplina. No início, resuma os objetivos e defina o tempo para cada item da pauta. Foque a abordagem da equipe mais na aferição do que na análise, com perguntas do tipo "Como vai o projeto?" e "Que novidades ocorreram desde a última reunião?". Seu objetivo é manter todos atualizados, para permitir-lhes a compreensão do que está acontecendo.

▲ **PREPARO DAS REUNIÕES**
Reuniões de avaliação podem levar a decisões críticas; por isso, é essencial prepará-las bem. Envie as pautas com antecedência, para que os participantes também possam se preparar.

Um membro da equipe chega com atraso à reunião

A gerente de projeto enfatiza a importância da pontualidade

NÃO ACEITE ATRASOS ▶
Advirta as pessoas que chegam atrasadas. Deixe claro que esse comportamento é inadequado, destacando que o atraso de um participante desperdiça o tempo de todos.

89 Não deixe que a reunião fuja da pauta.

90 Procure concluir a reunião com um tom positivo.

REFORCE OS OBJETIVOS

Não permita que a reunião se afaste da pauta, registre de quando em quando tudo o que ainda falta discutir e controle os tempos planejados para cada item. Quando as pessoas derivarem do assunto ou conversarem improdutivamente, reforce os objetivos da reunião, dizendo por exemplo "Não estamos aqui para discutir esse assunto, voltemos ao ponto que interessa". Quando for o caso, resuma as avaliações e as decisões tomadas. Após a discussão de cada item, libere quem já não precise mais ficar na reunião.

COMO SUPERAR PROBLEMAS

Por mais perfeito que pareça o plano, no mundo real sempre acontecem imprevistos. Estimule a equipe a expor suas preocupações e use técnicas adequadas para resolver as dificuldades à medida que elas forem aparecendo.

91 Avalie cada aspecto de um problema antes de tentar resolvê-lo.

92 Lembre-se: é melhor prevenir que remediar.

93 Peça que lhe tragam não só problemas, mas também soluções.

DETECTE AS DIFICULDADES

Seu objetivo principal é antecipar dificuldades, para evitar crises; é bem mais difícil agir com soluções de urgência e improvisadas. O trabalho aumenta quando você estuda problemas que talvez não ocorram, mas é melhor errar por excesso de cautela do que enfrentar dificuldades imprevistas. Com a experiência, a equipe julgará cada vez melhor quando é o caso de acender o sinal amarelo de perigo. Preocupe-se especialmente em identificar quais problemas com alto impacto no projeto foram detectados e quais ações devem ser tomadas antes que eles possam criar uma situação de emergência.

ESTUDO DE CASO

João foi incumbido do projeto de melhoria do controle de estoque do armazém de sua empresa. A certa altura da implementação do plano, Tomás, gerente do armazém, procurou-o e lhe contou que ele e seu pessoal estavam gastando um tempo enorme para confirmar despachos de mercadorias tidos como atrasados por um dos membros da equipe do projeto. Disse que se tratava de pesquisas em sua maioria irrelevantes, porque as mercadorias eram em geral despachadas com apenas algumas horas de atraso. João reuniu Tomás com a equipe do projeto, e então chegaram a um acordo sobre quais pesquisas mereceriam realmente ser feitas. Isso reduziu a pressão sobre o pessoal do armazém, dando-lhe mais tempo para identificar as remessas que de fato estavam atrasadas.

◀ **TENSÕES ADMINISTRADAS**

A implementação de um projeto pode criar problemas para a operação normal da empresa. Neste caso, um membro da equipe do projeto procurava identificar remessas atrasadas, mas, por ter levantado suas preocupações prematurament[e] tomava tempo desnecessário [d]o pessoal do armazém. Ambas as equipes fizeram melhor se[u] trabalho quando estabelecera[m] um acordo sobre um modo mais racional de ação.

COMO LIDAR COM PROBLEMAS

Ouça as preocupações levantadas por membros da equipe

↓

Discuta o impacto de cada problema e, se relevante, examine as opções com a equipe

↓

Examine o conjunto das circunstâncias e tome uma decisão final

↓

Atualize o plano se a decisão envolver uma alteração do curso original

↓

Envie o plano atualizado ao coordenador de informação

SOLUÇÃO DE PROBLEMAS

Uma técnica útil para resolver problemas é examinar quatro áreas para ver qual delas causa a dificuldade. Por exemplo, se a produção não está atingindo as metas, descubra qual das quatro áreas pode ser a culpada:

- **Pessoas** O problema ocorre porque as pessoas não têm os requisitos necessários ou apoio?
- **Produto** Há algo errado no design do produto ou no método de produção?
- **Processo** Uma melhoria em um de nossos processos poderia resolver o problema?
- **Aquisição** Há algo que se possa fazer em relação a produtos e serviços que compramos?

CERTO E ERRADO

✔ Mantenha contato com fornecedores que possam estar causando problemas.

✔ Corrija um problema recorrente mudando um processo.

✗ Não comece a resolver algo sem ter entendido todo o problema.

✗ Não assuma que a equipe tem aptidão para resolver qualquer tipo de problema.

ATUALIZE O PLANO

Peça ao coordenador de projeto para documentar o centro de informação, como itens em aberto, as atividades atuais de resolução de problemas e examine-as nas reuniões de avaliação. Grandes dificuldades talvez exijam significativas mudanças no plano. É até possível que novos fatos invalidem o projeto. Suponha, por exemplo, que um concorrente lance um produto usando componentes que tornam irrelevante o seu próprio produto. É lamentável, mas, como sua prioridade é agregar valor à empresa, o melhor valor em um caso desses talvez fosse enterrar o projeto.

94 Se alterar o plano, avise aos interessados.

95 Identifique a causa para evitar que certo problema ocorra novamente.

COMO LIDAR COM MUDANÇAS

Como mudanças são inevitáveis, os projetos devem ser flexíveis. Se um deles tiver seu propósito alterado por uma ordem superior, você deverá negociar as modificações, adaptar o plano e manter todos informados sobre o que está ocorrendo.

96 Busque alternativas antes de alterar uma parte importante do plano.

97 Mostre os benefícios de uma mudança aos afetados por ela.

98 Busque aprovação rápida para quaisquer mudanças.

ADAPTAÇÕES NO PLANO

Algumas mudanças estarão sempre sob seu controle –por exemplo, encurtar determinados prazos porque a equipe conseguiu aumentar a velocidade de execução das atividades. Outras lhe serão impostas –um cliente pode solicitar algo diferente, ou um superior pode decidir tirar um ou dois membros de sua equipe para dar-lhes outras tarefas. Também pode ocorrer de seu sistema de monitoração detectar a necessidade de uma mudança para evitar um problema potencial. Em qualquer caso, é vital a habilidade de ajustar o plano segundo as circunstâncias. Depois de implantar a mudança, verifique se o desejado efeito no projeto foi alcançado.

◄ **DISCUTA AS MUDANÇAS**
Reúna a equipe para avaliar como as mudanças podem afetar o plano do projeto. Procure alternativas em relação a metas, ordem das atividades, orçamento, pessoas, recursos e tempo originalmente programados.

Avalie o Impacto

Antes de se comprometer com determinada mudança, avalie o impacto que ela terá no projeto. Peça à equipe para examinar os efeitos no cronograma, no orçamento e nos recursos. Estude alternativas: há outros meios de atingir os objetivos do projeto? Se forem necessárias mudanças para que o projeto possa seguir em frente, antes de implantá-las obtenha a aprovação de seus superiores e demais interessados.

Resista a Mudanças Inúteis ou Nocivas

Quando a mudança é imposta –por exemplo, por um superior ou um patrocinador–, nem sempre ela faz sentido. Verifique se implantá-la afetará o resultado final do projeto. Se ela parecer fútil, ou se tiver um impacto negativo no plano, fale com quem a determinou, procurando enfatizar os benefícios que serão perdidos. Prepare-se para lutar, ou ofereça soluções alternativas para garantir que os objetivos do projeto sejam mantidos.

Como Agir no Caso de Mudanças

Discuta com a equipe o impacto da mudança

↓

Se a mudança tiver grande impacto, examine alternativas

↓

Documente no plano a mudança a ser implantada

↓

Obtenha a aprovação de seus superiores e demais interessados

↓

Comunique logo a mudança a todos os envolvidos no projeto

PASSO A PASSO

1. Converse com a equipe sobre como as mudanças vão afetá-la.
2. Explique claramente as razões das mudanças.
3. Para ajustar o plano às mudanças, redefina as metas, os cronogramas e os papéis dos membros da equipe.

Comunique as Mudanças

Se os membros da equipe vinham trabalhando duro para atingir um conjunto de objetivos e, subitamente, ficarem sabendo que as metas foram alteradas, inevitavelmente se sentirão desmotivados. Converse o quanto antes com eles sobre as mudanças. Destaque os aspectos positivos delas e seja franco sobre o que está acontecendo. Leve a sério as preocupações das pessoas e ouça suas idéias, mas enfatize a necessidade de uma rápida adaptação. Finalmente, especifique por escrito novos cronogramas, metas ou expectativas, para que todos saibam o que os aguarda.

MAXIMIZAÇÃO DO IMPACTO

Quando se aproxima a conclusão de um projeto, é importante avaliar o que se conseguiu e verificar quais lições podem ser tiradas da experiência. Prepare para seu projeto uma conclusão formal, que amarre as pontas soltas e destaque o sucesso alcançado.

99 Avalie bem este projeto para gerenciar melhor o próximo.

PERGUNTE-SE

- **P** O patrocinador está satisfeito por terem sido atingidos os propósitos e objetivos originais do projeto?
- **P** O cliente está satisfeito por estar recebendo um serviço melhorado?
- **P** Conversamos com todos os interessados sobre os resultados finais?
- **P** Todas as novas abordagens e idéias foram devidamente registradas?

MANTENHA A EQUIPE ENVOLVIDA ATÉ O FIM

Às vésperas da conclusão do projeto, é inevitável que alguns membros da equipe desejem ir em busca de novas atribuições. Mas é importante manter envolvido todo o pessoal até o término efetivo do trabalho, quando você produzirá um relatório formal e uma reunião de encerramento. Talvez você tenha de lutar para que as pessoas não saiam prematuramente do projeto, em especial se quiser evitar um final desordenado, com as últimas atividades concluídas confusamente. Afinal, você deseja que a empresa aprenda o máximo possível com a experiência e que os resultados previstos apareçam em sua plenitude.

REGISTRO DA EXPERIÊNCIA

Converse com seu coordenador de informação sobre a publicação de um relatório circunstanciado, expondo tudo aquilo que o projeto conseguiu e detalhando informações relevantes, como, por exemplo, os processos usados. Se é provável que o projeto venha a ser repetido, reúna-se com membros da equipe e o analisem do início ao fim. Peça às pessoas que indiquem onde teriam feito melhorias. A empresa ganhará muito se você fizer um modelo para projetos do mesmo tipo.

100 Não deixe nenhuma tarefa incompleta.

101 Divulgue as conquistas da equipe do projeto.

ELABORAÇÃO DO RELATÓRIO DE CONCLUSÃO

PARTES DO RELATÓRIO	FATORES A CONSIDERAR
INDICADORES DE DESEMPENHO Comparação entre o que o projeto conseguiu e as metas fixadas originalmente.	• Explique as razões de quaisquer variações entre metas e conquistas efetivas. • Faça a comparação de um modo que valide a avaliação original de investimento.
UTILIZAÇÃO DE RECURSOS Comparação entre os recursos efetivamente usados e os que haviam sido planejados.	• Se o projeto usou menos ou mais recursos que o esperado, explique os motivos. • Inclua informações que validarão o orçamento alocado ao projeto.
PONTOS FORTES E FRACOS Avaliação do que foi bem no projeto e daquilo que foi mal ou causou problemas.	• Ouça o depoimento de membros da equipe, para fazer a melhor análise possível. • Assegure-se de que as informações registradas serão úteis a futuros projetos.
FATORES DO SUCESSO Registro dos dez principais fatores julgados decisivos para o êxito do projeto.	• Liste os fatores de sucesso com a ajuda da equipe, do patrocinador e de interessados. • Apresente uma relação que possa auxiliar futuros gerentes de projeto.

COMEMORAÇÃO

inale a conclusão do projeto 1 uma celebração em reconhecimento esforço da equipe. Isso permite ao soal encontrar-se para as despedidas memorar o sucesso num clima festivo.

AGRADEÇA À EQUIPE

É muito importante que os membros da equipe sigam seus novos caminhos sentindo-se o mais satisfeitos possível, sobretudo se você tiver a intenção de trabalhar futuramente com eles em outros projetos. Converse com cada um para lhe agradecer a contribuição. Convoque uma reunião final, na qual seu patrocinador confirmará os benefícios do projeto e agradecerá o empenho da equipe. Seus clientes, em particular, gostarão de uma oportunidade dessas para expressar o que acharam dos resultados do projeto.

TESTE SUAS HABILIDADES

Avalie suas habilidades de gerente de projeto analisando as afirmativas abaixo. Marque as alternativas mais próximas de sua experiência real. Seja sincero: se a resposta for "nunca", marque 1; se for "às vezes", marque 2; e assim por diante. Some tudo e consulte o quadro Análise de Resultados, na página 69. Use as respostas para identificar as áreas em que você precisa melhorar.

CONTAGEM

1 Nunca

2 Às vezes

3 Várias vezes

4 Sempre

1 Eu analiso se devo tratar uma série de ações como um projeto.

1 2 3 4

2 Eu fixo objetivos específicos, mensuráveis, para projetos.

1 2 3 4

3 Eu reservo tempo para planejar bem um projeto antes de iniciar o trabalho.

1 2 3 4

4 Eu entendo bem as dificuldades para atingir os objetivos de um projeto.

1 2 3 4

5 Eu sei quais recursos de meu projeto estão alocados a outros projetos.

1 2 3 4

6 Eu mantenho contatos regulares com todos os interessados em meu projeto

1 2 3 4

7 Eu sempre considero qual deveria ser o resultado ideal de um projeto.

1 2 3 4

8 Eu faço com que todos entendam claramente os objetivos do projeto.

1 2 3 4

9 Eu estabeleço metas empresariais para cada parte de um projeto.

1 2 3 4

10 Eu evito que um projeto mude desnecessariamente algo que funciona bem.

1 2 3 4

11 Eu faço a lista completa de atividades antes de colocá-las na ordem certa.

1 2 3 4

12 Eu calculo o tempo de pessoal e o gasto em todas as atividades do projeto.

1 2 3 4

13 Eu faço com que todas as pessoas-chave aprovem o plano antes da implementação.

1 2 3 4

14 Eu converso com a área financeira para verificar os custos de um projeto.

1 2 3 4

15 Eu geralmente inicio a implementação de um projeto com um teste-piloto.

1 2 3 4

16 Eu mantenho atualizado um diagrama de rede ao longo de um projeto.

1 2 3 4

17 Eu comunico a todos os interessados as exigências de recursos de um projeto.

1 2 3 4

18 Eu preparo planos de contingência para ameaças potenciais ao projeto.

1 2 3 4

19 Eu adapto meu estilo de liderança a circunstâncias e pessoas.

1 2 3 4

20 Eu procuro desenvolver da melhor forma possível as habilidades de minha equipe

1 2 3 4

21 Eu considero como novos membros vão se relacionar com a equipe.

1 2 3 4

22 Eu faço com que cada membro da equipe saiba bem o que se espera dele.

1 2 3 4

23 Eu uso o patrocinador para ajudar a motivar os membros de minha equipe.

1 2 3 4

24 Eu registrei e divulguei os marcos primários planejados para o projeto.

1 2 3 4

25 Eu garanto a cada membro da equipe acesso à informação de que necessita.

1 2 3 4

26 Eu evito ter segredos para a equipe do projeto e os interessados.

1 2 3 4

27 Eu peço às pessoas que só compareçam a reuniões de avaliação se for mesmo preciso.

1 2 3 4

28 Eu uso com todos os interessados o mesmo método de relatar as atividades.

1 2 3 4

29 Eu preparo uma lista de objetivos e uma pauta para cada reunião.

1 2 3 4

30 Eu uso um processo lógico para decisões com minha equipe de projeto.

1 2 3 4

31 Eu deixo o patrocinador sempre em dia com o andamento do projeto.

1 2 3 4

32 Eu uso técnicas de solução de problemas para chegar às decisões.

1 2 3 4

ANÁLISE DE RESULTADOS

Agora que terminou a auto-avaliação, ome os pontos e confira seu desempenho. Qualquer que seja o nível de suas abilidades como gerente de projeto, embre-se: sempre há como melhorar. Identifique as áreas em que está mais fraco , para se aperfeiçoar, consulte as seções orrespondentes neste livro.

2–64: Você ainda não está preparado bastante para garantir a obtenção os objetivos de um projeto complexo. Reexamine bem o processo de planejamento, procurando segui-lo criteriosamente.

65–95: Você é um gerente de projeto razoavelmente eficiente, mas ainda precisa melhorar alguns pontos fracos.

96–128: Você é um excelente gerente de projeto. Cuidado para não relaxar. Mantenha-se sempre atualizado.

ÍNDICE

A

acomodações 30
aconselhamento técnico 15
admissão de erros 47
ameaças, identificação 36
apresentações 26
atividades
- agrupamento 24, 26
- definição de prazos 34–35
- fase inicial 26
- gestão da informação 52
- lista 24–27
- ordem 32–33

avaliação, reuniões 57, 58–59

B

brainstorming
- ameaças potenciais 36
- lista de atividades 25
- tomada de decisões 50

C

caminho crítico, diagrama de rede 33
campo de forças, análise 15
choques de personalidade 46
clientes
- e o conceito do projeto 18
- opinião sobre atividades do projeto 26
- papel em relação à equipe 9

compartilhamento da informação 54–55
- e-mail 54
- plano do projeto 11
- *veja também* reuniões; relatórios

conceito do projeto
- descrição 18–19
- planejamento 12, 20
- relatório de lançamento 43

condução de reuniões 59
conflitos, resolução 46
consenso, decisões 44, 45
construtor da equipe 41
contato externo, papel na equipe 41
coordenador
- da equipe 41
- de informação 53, 54

critérios para tomada de decisões 50–51
crítico da equipe 41
cronograma geral 17
- acordo sobre prazos 34, 35

custos 29
custo/benefício, análise 31

D

dados *veja* informação
decisões, tomada de 50–51
- estilos de liderança 44–47

definição de projetos 6–7
desempenho *veja* monitoração do desempenho
diagrama de rede 33
documentação de recursos 30

E

e-mail 54
equipe
- administração das mudanças 62–63
- como característica básica de projetos 7
- comunicação 54–55
- criação 40–41
- envolvimento 10
- estilos de liderança 44–47
- estimativa de mão-de-obra 28
- gestão da informação 52–53
- na conclusão do projeto 64–65
- no lançamento do projeto 42–43
- papéis principais 8–9, 41
- planejamento de férias 35
- resolução de conflitos 46
- reuniões de avaliação 58–59
- tomada de decisões 50–51
- trabalho conjunto 48–49

estágios do projeto 12–13
- conclusão 64–65
- implementação 12, 38–55
- lançamento 42–43
- luto 49
- monitoração 12, 56–65
- planejamento 12, 18–37
- tédio 49

estilos de liderança
- analítico 44
- buscador de opiniões 44
- democrático 44
- ditatorial 44, 46

F

feedback 55
finanças *ver* orçamento
flexibilidade do gerente 11
forças
- indutoras 14
- resistentes 15

fornecedores
- monitoração 57
- orçamentos 31
- papel em relação à equipe 9

fundamentos dos projetos 6–17

G

gráfico de Gantt 34, 35

I

implementação de planos 12, 38–55
- comunicação 54–55
- gestão da informação 52–53
- lançamento do projeto 42–43
- liderança 44–47
- montagem da equipe 40–41
- papel do gerente 38–39
- relatório de lançamento 43
- tomada de decisões 50–51
- trabalho em equipe 48–49

implementador, papel na equipe 41
indicadores, definição dos objetivos 20
informação
- comunicação 54–55
- gestão 52–53
- monitoração do desempenho 56
- solução de problemas 61

inspetor, papel na equipe 41
interessados no projeto
- comunicação 54, 55
- envolvimento 8
- matriz de compromisso, aprovação 30
- papel em relação à equipe 8,
- no relatório de lançamento 4

alidação do plano 36, 37
estimento, análise 31

çamento do projeto 42–43
rança
tilos 44–47
apel do gerente 38–39
abalho em equipe 48–49
itações, avaliação 22–23

o-de-obra, estimativa 28
rcos, relatório de lançamento
3
riz de compromisso
ocumentação de recursos 30
ontagem da equipe 40
azos 35
as 7, 10
finição de objetivos 21
latório de lançamento 43
lução de problemas 61
nitoração do desempenho
, 56–65
ministração das mudanças
62–63
ses 56–57
aximização do impacto 64–65
uniões de avaliação 58–59
peração de problemas 60–61
danças
ministração das 62–63
nitações 22

tivos
nceito do projeto 18–19
finição 20–21
uniões de avaliação 59
rtunidades 43
mento
stos 29
o-de-obra 28
mentos de fornecedores 31
m das atividades 32–33

ões, pesquisa de 20
is na equipe 8–9, 41
ocinadores
pel em relação à equipe 9
reuniões de avaliação 58
pa das idéias, papel 41
ejamento de projetos 11,
-37

alocação de recursos 28–31
atualização do plano 61
avaliação das limitações 22–23
definição de prazos 34–35
definição dos objetivos 20–21
descrição do conceito do projeto 18–19
férias dos membros da equipe 35
lista das atividades 24–27
ordem das atividades 32–33
validação do plano 36–37
planos de contingência 37
prazos, definição de 34–35
previsão do sucesso 15
prioridades de objetivos 21
priorização de projetos 16–17
cronograma geral 17
problemas
identificação de ameaças 36
previsão 37
superação 60–61
programação de atividades
cronograma geral 17
estimativa de tempos 32
lista das atividades 24–27

R

recursos 7
acomodações 30
alocação 28–31
aproveitamento de investimentos 23
documentação 30
estimativa de custos 29
estimativa de mão-de-obra 28
externos 31
limitações 23
planejamento 11
priorização de projetos 16
programação de projetos 17
rede, diagrama de 33
relatórios
de atividades 26, 57
de conclusão 65
de lançamento 43
reuniões
de avaliação 58–59
de conclusão 65
de lançamento 43
riscos 43

S

sucesso
comemoração 65
previsão 15

T

tempo
avaliação de limitações 22
cronograma geral 17
definição de prazos 34–35
diagrama de rede 33
estimativa de duração das atividades 32
programação de projetos 17
teste-piloto 27
tomada de decisões 50–51

V

validação do plano 36–37
viabilidade do projeto 14–15

AGRADECIMENTOS

AGRADECIMENTOS DOS AUTORES

Uma notável equipe de profissionais competentes participou da produção deste livro. Gostaríamos de agradecer, em especial, a Adèle Hayward e Caroline Marklew, da Dorling Kindersley, pela ajuda na organização de conceitos, estrutura e projeto geral da obra. Arthur Brown contribuiu com idéias construtivas e criativas na fase de detalhamento, e Amanda Lebentz foi uma editora entusiasmada e meticulosa. A todos, nossa enorme gratidão.

AGRADECIMENTOS DA DORLING KINDERSLEY

A Dorling Kindersley agradece às seguintes pessoas por sua ajuda e participação neste livro:

Fotografia Steve Gorton.

Modelos das Fotos Roger Andre, Angela Cameron, Anne Chapman, Sander deGroot, Emma Harris, Lucy Kelly, Peter Taylor, Roberta Woodhouse.

Maquiagem Janice Tee.

Pesquisa iconográfica Andy Sansom.
Assistente de banco de imagens Melanie Simmonds.

Índice Hilary Bird.

CRÉDITOS DE FOTOS

Legenda: *i* inferior, *c* centro, *e* esquerda, *d* direita, *s* superior
Powerstock Photolibrary/Zefa 27, 31 *sd; Index* 51 *id,* 62 *ie; Raoul Minsart 4;* **Rex Interstock** Melanie/FOTEX (capa); **Telegraph Colour Library** FPG/M Malyszko 64 *ie*; Ryanstock 19.

Dados Internacionais de Catalogação na Publicação (CIP)
(Câmara Brasileira do Livro, SP, Brasil)

Bruce, Andy
Como gerenciar projetos / Andy Bruce e Ken Langdon ; (tradução Gabriel Tranjan Neto). – São Paulo : Publifolha, 2000. – (Série sucesso profissional)

Título original: Project management.
ISBN 85-7402-233-0

1. Administração de projetos 2. Sucesso profissional
I. Langdon, Ken. II. Título. III. Série.

00-3018 CDD-658.404

Índices para catálogo sistemático
1. Gerenciamento de projetos : Administração de empresas 658.404